CONDITIONS DE LA VENTE

Elle sera faite au comptant.

Les Acquéreurs paieront CINQ POUR CENT en sus des enchères.

Les lots pourront être réunis ou divisés au gré des experts.

Paris Alcan-Lévy, imprimeur breveté, 61, rue de Lafayette.

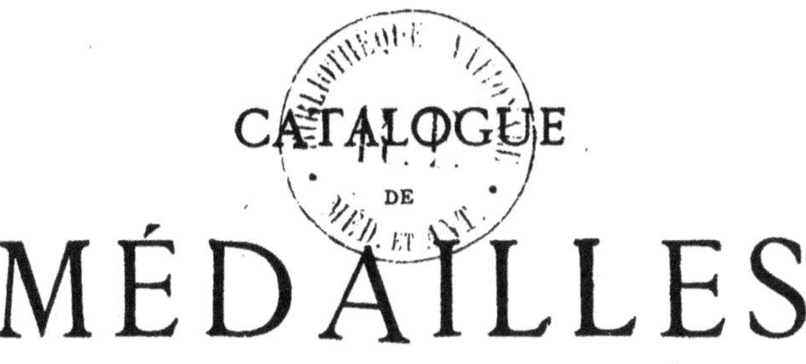

CATALOGUE

DE

MÉDAILLES

Grecques
Romaines, Françaises et Étrangères
Médailles artistiques
Sceaux
ouvrages de Numismatique, etc.

COMPOSANT LA COLLECTION DE

Feu M. CRIGNON DE MONTIGNY

ancien Conseiller d'État

DONT LA VENTE AUX ENCHÈRES PUBLIQUES AURA LIEU

HOTEL DROUOT

Salle n° 4, au premier étage.

Le Lundi 1er Mars 1880 et les 5 jours suivants

A UNE HEURE ET DEMIE TRÈS PRÉCISE

Par le ministère de Me Maurice DELESTRE, Commissaire-priseur, rue Drouot, 27.

Assisté de MM. ROLLIN et FEUARDENT, Experts, rue et place Louvois, 4.

EXPOSITION PUBLIQUE
Le Dimanche 29 février 1880, de 1 à 5 heures.

PARIS, 1880

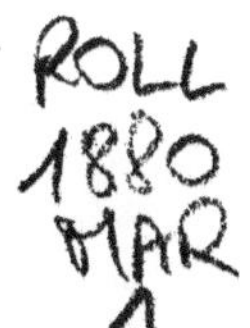

NOTICE

SUR

M. CRIGNON DE MONTIGNY*

Anselme-Alphonse Crignon de Montigny, né à Orléans le 13 juin 1812, appartenait à une famille qui, depuis longtemps, s'était occupée avec distinction des affaires et des intérêts publics, et qui jouissait dans cette ville d'une grande considération. Son bisaïeul, M. Crignon Sinson, avait été, en 1789, l'un des commissaires chargés de rédiger le cahier de la noblesse du bailliage d'Orléans. Son grand-père, M. Crignon d'Ouzouër, et son père, M. Crignon de Montigny, représentèrent successivement le département du Loiret à la Chambre des Députés sous la Restauration et sous le Gouvernement de Juillet, le premier, de 1815 à 1826, le second, de 1827 à 1839. L'un et l'autre habitaient la terre de Champromain, commune de Thiville, département d'Eure-et-Loir, où le jeune Alphonse passa ses premières années au milieu d'une population rurale dont il se faisait aimer à mesure qu'il grandissait, et à laquelle ni son attachement ni ses bons offices ne manquèrent jamais.

* Pour la rédaction de la présente Notice, j'ai consulté une Notice biographique sur M. Crignon de Montigny par M. Amédée Lefèvre-Pontalis, ancien député d'Eure-et-Loir, Notice imprimée dans le *Bulltin de la Société Dunoise, archéologie, histoire, sciences et arts*, n° 36, Avril 1878, l'éloge funèbre prononcé par M. A. Lefèvre-Pontalis, le 25 Septembre 1877, lors de la translation des restes mortels de M. A. Crignon de Montigny à Thiville; enfin, des notes et des documents fournis par la famille.

Il fit ses études d'abord au Collège de Senlis et ensuite au Collège Charlemagne. Après avoir fait son droit à Paris et avoir été reçu avocat, il entra, le 8 février 1836, comme auditeur de deuxième classe au Conseil d'État, et, deux ans après, le 11 juin 1838, il obtint la première classe de son grade. Il fut promu maître des requêtes en service extraordinaire le 27 décembre 1842.

En 1843, il épousa mademoiselle Duperré, fille de l'amiral Duperré, l'illustre vainqueur d'Alger, qui était alors ministre de la marine. Mais, s'il trouva dans cette union tout le bonheur qu'il pouvait désirer, il refusa avec une rare constance de se servir du crédit de la famille dans laquelle il venait d'entrer pour obtenir de l'avancement.

Éloigné du Conseil d'État en 1848, par suite de la suppression du service extraordinaire, il fut, en avril 1849, sollicité par un grand nombre d'électeurs du canton de Châteaudun de poser sa candidature à l'Assemblée législative. Mais il avait peu de goût pour les luttes politiques et il refusa le mandat qui lui était offert.

Rentré au Conseil d'État, lors de sa réorganisation en 1852, il fut nommé maître des requêtes de deuxième classe, le 20 avril de cette même année. Au mois de mai 1859, à l'époque de la guerre d'Italie, il fut attaché au cabinet du prince Jérôme. Le 16 août 1859, il fut nommé maître des requêtes de première classe, et ce fut seulement le 14 août 1868 qu'il obtint le titre de conseiller d'État. Fidèle à son habitude de ne jamais solliciter pour lui-même, il avait attendu avec patience que l'ancienneté de ses services le portât au rang qui lui était dû. Le Conseil d'État tout entier applaudit à cette nomination, et elle fut considérée par tous comme un acte de justice. Si donc le désintéressement de M. de Montigny et sa trop grande modestie ne lui firent que tardivement recevoir la récompense due à ses mérites et à ses éminentes qualités, il eut du moins la satisfaction de recueillir en cette circonstance les plus précieuses marques de sympathies et les témoignages les plus flatteurs. La noblesse de ses sentiments, l'honorabilité de sa conduite, lui valurent à la fois l'amitié et la haute estime de tous ses collègues. Il leur a laissé le souvenir d'un caractère élevé, d'un esprit distingué et délicat, d'un homme toujours attaché au devoir, incapable de jamais sacrifier le bon droit à aucun intérêt ni à aucune prévention.

Nommé chevalier de la Légion d'honneur le 14 août 1857, il fut promu au grade d'officier le 8 août 1870.

En dehors des graves travaux de jurisprudence administrative qui réclamaient une grande partie de son temps, il s'était créé d'autres occupations, où il se refugiait avec un plaisir extrême dès qu'il en trouvait le loisir, je veux dire les belles et nobles études de l'histoire, de l'art ancien, et spécialement de la numismatique.

Dès sa première jeunesse, à un âge où la plupart des jeunes gens ne pensent qu'à leurs plaisirs, il s'occupait déjà d'étudier la numismatique, science pleine d'attraits et qui rend des services inappréciables aux recherches historiques. Il rassemblait une collection de monnaies aux effigies des empereurs romains, sans s'attacher ni aux métaux, ni aux modules, collection qu'il ne cessa d'augmenter pendant toute la durée de sa vie. L'iconographie l'avait occupé d'abord; il y joignit bientôt l'étude des revers historiques et géographiques. Dans la suite, cherchant à épurer sa collection, il eut égard aux types sous le rapport de la beauté et de la conservation, choisissant avec un soin extrême les exemplaires les plus parfaits et à fleur de coin, quand il pouvait se les procurer. Aux monnaies romaines il ajouta aussi des suites de monnaies grecques, des médailles de la Renaissance et des temps modernes. Mais ces séries ne furent jamais ni fort étendues ni fort complètes.

A l'étude de la numismatique, Montigny avait joint celle de la glyptique, et en peu d'années, il devint un des connaisseurs les plus fins et les plus habiles dans cette science. Il avait étudié avec une grande persévérance les pierres gravées, et cette étude l'avait amené à faire des rapprochements entre les procédés employés par les artistes anciens pour la gravure des monnaies et pour celle des pierres dures. De toutes les connaissances nécessaires à ceux qui veulent s'occuper sérieusement d'études archéologiques, une des plus difficiles, à acquérir, pour ne pas dire la plus difficile, la plus délicate de toutes, est la connaissance des pierres gravées, camées et intailles. Les plus grands, les plus habiles connaisseurs se trompent quelquefois, quand il s'agit de décider de l'antiquité d'une pierre gravée, tant il y a eu d'adroits faussaires depuis l'époque de la Renaissance, c'est-à-dire depuis trois siècles.

Montigny était lié d'amitié avec M. Adrien de Longpérier, l'éminent académicien, qu'il consultait souvent. Il était en relations avec tous les savants et tous les amateurs d'antiquités, et on le voyait assister à toutes les ventes de médailles.

Il racontait lui-même une anecdote qui donne une preuve remarquable de sa perspicacité. Un jour, en passant sur le boulevard, il aperçut au cou d'une dame un camée qui lui parut d'un travail admirable. Il ne fit qu'entrevoir cette belle pièce, mais, au mouvement des chevaux, il reconnut de suite une composition antique et crut avoir retrouvé un des camées du cabinet du duc d'Orléans, disparu depuis près d'un siècle. Arrêter la dame en pleine voie publique, lui acheter son bijou, fut l'affaire d'un instant, et l'habile antiquaire rentra chez lui ravi de sa bonne fortune.

Montigny préparait et laissait espérer la publication d'un

ouvrage sur les pierres gravées. Il avait rassemblé un grand nombre de dessins qu'il avait fait faire d'après des empreintes et des moulages pris avec le plus grand soin sur les pierres originales, conservées dans les grandes collections de l'Europe. Mais il ne se décida jamais à mettre en ordre les nombreuses notes qu'il avait accumulées.

Qu'il nous soit permis de reproduire ici une lettre que M. F. de Saulcy écrivit au sujet de Montigny, peu de temps après sa mort.

« Pendant de longues années, dit M. de Saulcy, je l'ai « vu à l'œuvre sur le terrain de la numismatique, et je puis « affirmer qu'il était le plus habile et le plus raffiné des ap- « préciateurs de belles médailles antiques. Il avait un tact « exquis pour reconnaître tous les signes les plus fugitifs qui « établissaient soit l'authenticité, soit la fausseté d'une mé- « daille soumise à son examen. Je ne crois pas m'aventurer « en disant que jamais un jugement de lui n'a pu trouver de « contradicteur. Amateur passionné de ces bijoux d'art que « l'on nomme des médailles antiques, il en avait réuni une « splendide collection dans laquelle n'étaient admis que des « spécimens irréprochables, et dans l'état que les gens du « métier appellent *fleur de coin*. Il préludait par l'étude de « la numismatique à celle des pierres gravées, étude fort « délicate, fort difficile même, qu'il poursuivit longtemps et « avec le plus grand succès. Personne, absolument personne, « n'a acquis à un si haut degré la perspicacité, le flair, dirai- « je, qui lui faisait reconnaître à première vue l'âge et le « pays d'une pierre gravée antique. A l'inspection seule de « la matière employée, abstraction faite du plus ou moins « d'habileté de l'artiste graveur, il pouvait dire, et cela avec « une certitude quasi-mathématique : Cette pierre a été « gravée dans tel pays, de telle à telle époque. Je crois qu'il

« se préoccupait moins de l'explication, presque toujours « fort hypothétique, des sujets représentés, que de la pure « question d'art et de chronologie. Il est bien à regretter « qu'il ait emporté avec lui la connaissance des résultats si « précieux que son expérience longue et patiente lui avait « acquis. Un livre écrit par Montigny sur l'histoire des « pierres gravées eût été un véritable monument et un guide « inappréciable. »

Je ne connais qu'un seul travail écrit et publié par Alphonse de Montigny, sous le titre : *De la falsification des médailles antiques et des faussaires.*

Ce travail parut en 1845, dans *Le Cabinet de l'Amateur*, revue mensuelle, publiée par MM. Eugène Piot et Frédéric Villot. Il y a d'excellentes observations dans ce travail, divisé en deux parties. Dans la première, il est question des Padouans, dans la seconde, des autres faussaires qui se sont adonnés à la coupable industrie de contrefaire les monnaies anciennes. A l'exemple du père Jobert, dans sa *Science des Médailles*, de Beauvais et d'Hennin, dans son *Manuel de Numismatique*, Montigny examine les imitations, les contrefaçons, les falsifications de toute espèce et ajoute de nouvelles et de curieuses observations à celles de ses devanciers. On y trouve aussi des détails pleins d'intérêt sur les moules de monnaies, découverts en 1830, à Damery en Champagne et dont la *Revue numismatique* (années 1837, p. 171 et 1857, p. 117) a rendu compte.

En finissant son travail sur les faussaires, il termine par ces phrases pleines d'énergie :

« Faisons des vœux pour qu'on mette un frein à cette au« dacieuse et persévérante volerie. Au milieu de tous les projets « de loi dont on préoccupe l'esprit public, n'y en aura-t-il pas « un pour réprimer cette infamie ? Funeste pour la science,

« déplorable pour l'histoire, décourageante pour tous ? Hé !
« quoi, le malheureux qui a contrefait ou altéré une monnaie
« de billon et qui l'a donnée au boulanger pour un morceau
« de pain, ou au fripier pour quelques guenilles, sera puni
« des travaux forcés, et l'impudent coquin qui viendra avec
« préméditation prendre dans une bibliothèque publique des-
« tinée à l'étude, l'empreinte d'une médaille pour la contre-
« faire et l'émettre, sera sous la protection de la loi. Ce même
« homme aura le droit de prendre au collet et de conduire
« devant les juges le pauvre diable qui aura fouillé dans sa
« poche; il le fera emprisonner pendant cinq ans, et retournera
« après le jugement allumer ses fourneaux, chauffer ses creu-
« sets; et après avoir vendu au poids de l'or un métal sans
« valeur, il comptera publiquement ses écus, en se moquant de
« l'homme confiant à qui il les a volés, et de la loi impuis-
« sante. »

Montigny, qui avait un goût prononcé pour tout ce qui regarde l'archéologie, et j'ai cru devoir donner dans cette Notice des détails assez étendus sur ses études de prédilection, s'intéressait aussi très vivement aux recherches historiques de toute nature et particulièrement à l'histoire de l'Orléanais, son pays natal. Il possédait une belle bibliothèque, dont tous les livres avaient été choisis avec soin, et avait réuni à peu près tout ce qui a été écrit sur Jeanne d'Arc.

Alphonse de Montigny mourut le 2 avril 1877, dans la 65e année de son âge, laissant de vifs regrets à sa famille, à ses nombreux amis, et à tous ceux qui l'avaient connu.

Paris, le 10 Février 1880.

J. de WITTE, membre de l'Institut.

I

Médailles grecques

ESPAGNE

Aregrat

1. Tête nue à droite, derrière Θ. ℟. Légende celtibérienne, cavalier armé d'une lance, courant à droite. 3 pièces. AR[4] B. et T. B.

Ausa

2. Même tête, derrière deux caractères celtibériens. ℟. Légende celtibérienne, cavalier courant à droite, tenant une palme. AR[5] B.

Castulo

3. Tête diadémée à droite ; devant, un croissant. ℟. Légende celtibérienne, sphinx à droite ; devant, une étoile. Æ[7]. B.

Celsa

4. Tête nue à droite, au milieu de trois dauphins. ℟. Légende celtibérienne, cavalier au galop à droite, tenant une palme. Æ[9]. T. B.

Cose

5. Tête nue à droite ; derrière et devant, trois caractères celtibériens. ℟. Légende celtibérienne, même cavalier. Æ[6]. T. B.

Emporiæ

6. Tête de Cérès à gauche ; dans le champ, trois dauphins.

℞. EMПOPIT. en légende barbare. Pégase debout à droite; dessous, un dauphin. AR[5]. B.

7. — Même tête à droite. ℞. Sans légende. Pégase (dont la tête est formée par un enfant assis) courant à droite; dessous, un gouvernail. AR[4]. B.

Gades

8. Tête d'Hercule jeune à gauche. ℞. Légende phénicienne, un ou deux poissons. 2 pièces. Æ. T. B.

Iliberis

9. Tête nue à droite. ℞. Légende celtibérienne, cavalier armé d'un bouclier, conduisant deux chevaux. 2 pièces. AR[4]. B. et T. B.

Ilipense

10. Épi de blé remplissant le champ. ℞. ILIPENSE. Poisson; au-dessus, un croissant. Très belle patine. Æ[8]. T. B.

Osca

11. Tête nue et barbue à droite; derrière, deux caractères celtibériens. ℞. Légende celtibérienne, cavalier armé d'une lance courant à droite. 3 pièces. AR[4]. T. B. et F. D. C.

Sætabis

12. Tête nue à droite; derrière, une palme. ℞. Légende celtibérienne, même cavalier. Æ[8]. B.

Segobriga

13. Tête nue à droite; dessous, un caractère celtibérien; derrière, un croissant. ℞. Légende celtibérienne, cavalier au galop à droite. AR[4] T. B.

14. C. CAESAR AVG. GERMANICVS IMP. Tête laurée de Caligula à gauche. ℞. SEGOBRIGA en deux lignes. dans une couronne. Æ[8].

Turiaso

15. Tête nue et barbue à droite, avec trois caractères celtibériens. ℞. Légende celtibérienne, cavalier au galop à droite. 2 pièces. AR[4]. F. D. C.

Iles Baléares

16. Cabire Achmoun debout de face. ℞. Légende phénicienne en deux lignes, dans le champ. Æ[3]. T. B.

Incertaine d'Espagne

17. IMP. AVG. DIVI. F. Tête d'Auguste à droite, entre un caducée et une palme. ℞. Même tête incuse (peut-être famille Carisia). Æ[3]. T. B.

GAULE

Libeci

18. Tête de Diane à droite. ℞. ΓIDEKOS. Lion à droite. AR[3].

Allobroges

19. Tête d'Apollon. ℞. Chamois bondissant. 6 pièces variées. AR[3]. B. et T. B.

Ségusiaves

20. SEGVSIA. Buste imberbe, casqué à droite ; une lance sur l'épaule. ℞. ARVS. Hercule debout, posant la main gauche sur Télesphore. AR[3]. T. B.

Arvernes

21. EPAD. Buste casqué à droite. ℞. Guerrier debout à gauche, tenant une enseigne, un bouclier et une haste. 2 pièces. AR[3],

Santons

22. ARRIVOS. Tête imberbe casquée à gauche. ℞. SANTONOS. Cheval courant à droite ; dessous, une étoile. 2 pièces. AR[3]. B.

Lémoviques

23. Tête imberbe à gauche. ℞. Cheval au pas à gauche ; au-dessus, une tête humaine. AR[3]. F. D. C.

Pictons

24. Tête de Diane à gauche. ℞. VIROTAL. Lion allant à gauche. AR[3] B.

Carnutes

25. Tête d'Apollon à droite. ℟. Aigle à droite ; devant, une rosace. OR^{2}. B.

Bellovaques

26. Tête nue à droite. ℟. Cheval ailé courant à gauche ; dessous, une rosace. OR^{5}. T. B.

Boïens

27. Croix ou étoile. ℟. Lisse, pièce globuleuse. OR^{5}. T. B.

Ambiens ?

28. Tête d'Apollon à droite. ℟. Bige au galop à gauche ; dessous, une rosace. Gravée. OR^{3}. F. D. C.

Trévires

29. Grand œil entouré de grènetis, etc. ℟. Cheval courant à droite. OR^{4}. T. B.

Médiomatrikes ?

30. Double tête imberbe. ℟. Cheval au galop à gauche ; au-dessus, une tête barbue. Gravée. OR^{1}. T. B.

31. — Lot de 20 pièces d'argent des différents peuples de la Gaule. B. et T. B.

32. — Lot de 22 pièces de billon et de potin des différents peuples de la Gaule. B. et T. B.

33. — Lot de 8 pièces de bronze : Carnutes, etc. B. et T. B.

Pannoniens

34. Tête de Jupiter à droite. ℟. Cavalier barbare au pas à gauche. 3 pièces. AR.

35. Tête laurée à droite ; devant EC. ℟. HCCAIO. Cavalier au galop à gauche. AR^{7}. T. B.

36. Tête diadémée à droite entourée d'un cercle à festons. ℟. NONNOS. Cavalier courant à droite. AR^{7}. B.

37. — Lot de 10 rouelles, dites *gauloises*. Plomb et Æ.

ITALIE. — ÉTRURIE

Populonia

38. Tête laurée d'Apollon à gauche. ℞. Champ lisse.
AR[4]. F. D. C.

Samnium

39. VITELIV. (En légende osque.) Tête laurée à gauche. ℞. Guerrier debout de face, près d'un bœuf couché. (Pièce frappée pendant la guerre sociale.) AR[4]. F. D. C.

CAMPANIE

Cales

40. CALENO. Tête laurée d'Apollon à gauche. ℞. CALENO. Taureau à face humaine allant à droite ; dessus, un astre.
Æ[5]. B.

41. Tête de Pallas à gauche. ℞. CALENO. Coq à droite ; derrière, un astre. Æ[5]. B.

Capua

42. Tête de femme à droite. Légende osque, sanglier courant à droite. Æ[4]. B.

43. Tête voilée de Junon à droite ; derrière, un sceptre. ℞. Même légende. Épi de blé. Très belle patine verte.
Æ[3]. F. D. C.

44. Tête laurée d'Apollon à droite. ℞. Même légende. Lyre.
Æ[5]. T. B.

Hyrina

45. Tête de femme de face, avec une couronne élevée et ornée. ℞. YPINA. Taureau à face humaine à droite. AR[5]. T. B.

46. Tête casquée de Pallas à gauche ; une chouette sur le casque. ℞. Le même ; le taureau à gauche. AR[5]. T. B.

Neapolis

47. Tête de Parthénope ? à droite. ℞. .....AIT. Taureau à

face humaine à droite; une Victoire le couronne. AR[4]. T. B.

48. Même tête à gauche. ℞. ΝΕΟΠΟΛΙΤΩ. Même type; sous le taureau, ΙΣ. AR[5]. T. B.

Nola

49. Même tête à droite. ΝΩΛΑ. Même taureau à gauche. AR[4]. B.

Roma

50. Tête casquée de Mars à droite. derrière, XX. ℞. ROMA. Aigle éployé sur un foudre. OR[1]. F. D. C.

51. Tête d'Apollon à droite. ℞. ROMA. Cheval au galop à gauche. AR[5]. F. D. C.

52. — Même pièce, d'un style différent. AR[5]. F. D. C

53. — Même pièce, id. AR[4]. F. D. C.

54. — Même pièce, id. Æ[5]. T. B.

55. Tête de Rome à droite. ℞. ROMA. Buste de cheval à droite. 2 pièces. Æ[5], T. B.

56. — Même tête à droite. ℞. ROMA. Proue de navire. 4 pièces. Æ[6]. et [5]. P. B.

57. — Tête de Mercure à droite. ℞. ROMA. Proue de navire. 3 pièces. Æ[5]. T. B. et F. D. C.

58. Tête de Rome à droite. ℞. ROMA. Chien allant à droite. 2 pièces. Æ[2] B.

Suessa

59. Tête laurée d'Apollon à droite; derrière, un épi. ℞. SVESANO. Cavalier conduisant deux chevaux à gauche. AR[6], T. B.

60. Tête de Pallas à gauche. ℞. SVESANO. Coq à droite; derrière, un astre. Belle patine. Æ[4]. T. B.

Orra

61. Tête casquée à droite. ℞. ORRA. Aigle sur un foudre à droite. Æ[5]. T. B.

CALABRE

Tarentum

62. ΤΑΡΑΣ. Cheval marin ailé à droite; dessous, pétoncle.

℞. Taras sur un dauphin à droite, tenant un polype. AR^{4}. B.

63. — ΣA. Cavalier, la tête nue, au galop à droite, frappant de la lance et tenant deux autres lances et un bouclier. ℞. ΤΑΡΑΣ sur un dauphin à gauche, tenant une quenouille; au bas, une proue de navire. AR^{5}. F. D. C.

64. — ΑΡΙ. Même cavalier. ℞. ΤΑΡΑΣ ΚΩ. Taras sur un dauphin à gauche, tenant de la droite un canthare, de la gauche un gouvernail. AR^{5}. F. D. C.

65. — Cavalier au pas à gauche, couronnant son cheval de la droite. ℞. ΤΑΡΑΣ. Taras sur le dauphin à gauche, tenant de la droite un canthare, la gauche sur le dauphin. AR^{5}. F. D. C.

66. — ΚΑΗ ΣΗΡΑΜΒΟΥ. Même cavalier à droite. ℞. ΤΑΡΑΣ. Taras sur le dauphin à gauche, tenant un acrostolium dans la droite, un trident dans la gauche (drachme). AR^{4} F. D. C.

67. — ΚΑΛΛΙΚΡΑΤΗΣ. Cavalier au galop à droite, la tête de face ; une Victoire le couronne. ℞. ΤΑ. Taras sur le dauphin à gauche, tenant une Victoire dans la droite, un trident dans la gauche. AR^{5}. F. D. C.

68. — Oboles et divisions de la même ville. 10 pièces. AR. T. B.

LUCANIE (en général)

69. Tête casquée de Pallas à droite. ℞. ΑΚ en monogramme. Épi d'orge ; une massue sur la feuille. AR^{5}. T.B.

Metapontum

70. ΜΕΤΑ. Epi d'orge en relief. ℞. Même type en creux. 2 pièces. AR^{5}. T. B.

71. Tête de Cérès à droite. ℞. ΜΕΤΑ ΑΙ. Épi ; sur la feuille, un astre. AR^{5}. F. D. C.

Posidonia

72. ΠΟΣ. — Neptune nu debout à droite, lançant son trident. ℞. Même type en creux. AR^{8} T. B.

73. — Taureau allant à droite; au-dessus, triquetra. ℟. Même Neptune que la pièce précédente. Æ². B.

Pæstum

74. — Tête de Jupiter à droite; derrière, trois points. ℟. ΠAIS. Dauphin à droite; dessus, trois points. Plus une autre pièce. Æ⁴. T. B.

Sybaris

75. — ΣΥ. Taureau à gauche, se retournant à droite. ℟. Même type en creux. AR⁸ T. B.

Thurium

76. — Tête de Pallas à droite. ℟. ΘΟΥΡΙΩΝ. Taureau cornupète à droite. AR². T. B

Velia

77. — Partie antérieure d'un lion dévorant une proie à droite. ℟. Carré creux divisé en quatre parties. AR³. TB.

78. — Tête de femme à droite, tous les cheveux relevés. ℟. ΥΕΛΗ. Chouette à droite. AR³. B.

79. — Tête de Pallas à droite. ℟. ΥΕΛΗΤΩΝ. Lion allant à droite; au-dessus, pantagramme. AR⁵. T. B.

80. — Même tête à gauche. ℟. Même légende. Lion allant à gauche; au-dessus, triquetra et Φι. AR⁵. T. B.

BRUTTIENS (en général)

81. — Tête voilée de Junon à droite. ℟. BPETTIΩN. Neptune debout à gauche, le pied posé sur un chapiteau de colonne; dans le champ, une Victoire. AR⁴. T. B.

82. — Tête de la Victoire à droite; derrière, un vase long. ℟. BPETTIΩN. Bacchus debout de face, tenant une thyrse et posant une couronne sur sa tête; dans le champ, Π. AR⁴. F. D. C.

83. — Tête de Mars? à gauche. ℟. BPETTIΩN. Victoire couronnant un trophée. Æ⁷. B.

84. — Tête d'Hercule jeune à droite. ℟. BPETTIΩN. Pallas allant à droite. Æ7. T. B.

85. — Tête de Jupiter à droite. ℟. BPETTIΩN. Guerrier combattant à droite. Plus trois autres pièces. |Æ6. T. B.

Caulonia

86. KAVA. Figure nue debout à droite, portant une petite statuette ; devant, un cerf debout. ℟. Même type en creux. 2 pièces. AR7. T. B.

87. — Même figure, sans la statuette, tenant une palme. ℟. Sans légende ; cerf debout à droite. AR5. T. B.

Croton

88. — QPO. Trépied ; à côté, une cigogne. ℟. Même type en creux. 2 pièces. AR5 et 4. B.

89. — Aigle sur une tête de cerf à gauche. ℟. QPO. Trépied ; dans le champ, feuille de lierre. AR5. T B.

Locri

90. — Tête de Jupiter à droite. ℟. ΛOKPΩN. Aigle enlevant un lièvre à gauche. AR5. F. D. C.

91. — Tête de Pallas à gauche. ℟. Sans légende. Pégase courant à gauche ; dans le champ, deux étoiles et monogramme. Æ6. T. B.

Nuceria

92. — Tête laurée d'Apollon à droite. ℟. NOYKPINΩN. Cheval au repos à gauche. 2 pièces. Æ5. T. B.

Rhegium

93. — Tête laurée d'Apollon à gauche. ℟. PHΓINΩN. Trépied. Plus quatre autres pièces. Æ5. T. B.

Valentia

94. — Tête d'Hercule à droite ; derrière, deux points. ℟. VALENTIA. Double massue. Æ4. T. B.

SICILE

Abacænum

95. — ABAK. Tête laurée de Bacchus Indien à droite. ℞. AINI. Truie debout à gauche. AR[3]. T. B.

Agrigentum

96. AKRAΓANTOC. Aigle au repos à gauche. ℞. Sans légende. Crabe. AR[7]. T. B.

97. AKRA. Même aigle. ℞. Même type. AR[4]. F. D. C.

Centuripae

98. Buste de Cérès à droite; derrière, un épi. ℞. KENTOYPIΠINΩN. Charrue. Æ[5]. T. B.

Gelas

99. — ΓΕΛΑΣ. Partie antérieure d'un taureau à face humaine à droite; au-dessus, une Victoire le couronne. ℞. Figure dans un bige à gauche, passant devant une colonne. AR[7]. B.

100. — Même taureau, sans la Victoire. ℞. Cavalier au galop à droite, frappant de sa lance. AR[5]. B.

101. — Tête imberbe, cornue, d'un fleuve à droite. ℞. ΓΕΛΑΣ. Taureau à gauche; dessous, trois points. Æ[5]. T. B.

Himera

102. — IMEPA. Coq à gauche. ℞. Crabe. AR[5]. B.

103. — Légende rognée. Coq à gauche. ℞. Coq à droite, dans un carré creux. AR[4]. T. B.

104. — Coq à droite. ℞. Carré creux divisé en quatre parties. AR[3]. B.

Leontini

105. — Tête laurée d'Apollon à droite. ℞. ΛΕΟΝΤΙΝΩΝ. Tête de lion au milieu de quatre grains d'orge. AR[7]. F. D. C.

106. — Même tête. ℞. ΛΕΟΝ. Grain d'orge, 2 pièces. AR[3]. T. B.

Mamertini

107. — Tête laurée d'Apollon à droite. ℟. ΜΑΜΕΡΤΙΝΩΝ. Aigle sur un foudre à gauche. Æ⁷. B.

Naxus

108. Tête de Bacchus indien à droite. ℟. ΝΑΞΙΩΝ. Silène assis de face, portant un canthare à ses lèvres. AR⁴. T. B.

Selinus

109. — Feuille d'ache. ℟. Carré creux divisé en douze parties. AR⁵. F. D. C.

Siracusae

110. Tête d'Hercule jeune à gauche. ℟. ΣΥΡΑ. Tête d'Arethuse dans un creux profond. OR¹. T. B.

111. — ΣΥΡΑΚΟΣΙΟΝ. Tête de Proserpine à droite, au milieu de quatre dauphins. ℟. Figure barbue dans un quadrige à droite; une Victoire couronne les cheveux. AR⁶. T. B.

112. — Même pièce d'un style plus récent, serpent à l'exergue du revers. AR⁷. T. B.

113. — Tête casquée de Pallas à gauche. ℟. ΣΥΡΑΚΟΣΙΩΝ. Foudre ailé; dans le champ, ΥΑ et ΣΙΑ. AR⁶. F. D. C.

114. — Tête casquée de Pallas à droite. ℟. ΣΥΡΑΚΟΣΙΩΝ. Pégase courant à gauche; dessous triquetra. AR⁵. T. B.

115. — ΣΥΡΑ. Tête de Proserpine à droite. ℟. Polype. Deux pièces. AR². T. B.

116. — .... ΚΟΣΙΩΝ. Tête d'Hercule jeune à gauche. ℟. Pallas combattant à droite. Æ⁶. T. B.

117. — Tête de Cérès à gauche. ℟. Figure dans un bige au galop à droite. Æ⁵. T. B.

118. — ΔΙΟΣ ΕΛΛΑΝΙΟΥ. Tête imberbe de Jupiter hellenius à droite. ℟. ΣΥΡΑΚΟΣΙΩΝ. Aigle sur un foudre à gauche, belle patine verte. Æ⁷. T. B.

119. — Tête de Proserpine à gauche. ℟. ΣΥΡΑ. Roue cantonnée de deux dauphins. Plus trois autres pièces. Æ³. T. B.

Tauromenium

120. — Tête laurée d'Apollon à droite; derrière, une étoile. ℟. ΤΑΥΡΟΜΕΝΙΤΑΝ. Trépied et une pièce Æ⁴ même type. AR⁴. T. B.

ROIS DE SICILE

Agathocles (317 à 289 av. J.-C.)

121. — ΚΟΡΑΣ. Tête de Cérès à droite. ℟. ΑΓΑΘΟΚΛΕΙΟΣ. Victoire debout, érigeant un trophée à droite. AR⁷. T. B.
122. — ΣΩΤΕΙΡΑ. Tête de Diane à droite. ℟. ΒΑΣΙΛΕΩΣ ΑΓΑΘΟΚΛΕΟΣ. Foudre ailé, 2 pièces. Æ⁵. T. B.

Hiéron II (269 à 215 av. J.-C.)

123. — Tête diadémée de Hiéron à gauche. ℟. ΙΕΡΩΝΟΣ. Cavalier au galop à droite. Æ⁷. T. B.
124. — Tête de Neptune à gauche. ℟. ΙΕΡΩΝΟΣ. Trident. 2 pièces. Æ⁴. T. B.

Philistis, reine

125. — Tête voilée de Philistis à gauche; derrière, épi d'orge. ℟. ΒΑΣΙΛΙΣΣΑΣ ΦΙΛΙΣΤΙΔΟΣ. Victoire dans un quadrige au galop à droite; devant les chevaux, ΚΙΕ; dessous, épi d'orge. AR⁷. F. D. C.

ILE DE SICILE

Melita

126. — ΜΕΛΙΤΑΙΩΝ. Tête de femme coiffée à l'égyptienne. ℟. Figure accroupie, avec quatre ailes, tenant un fouet. Æ⁷. B.

DALMATIE

127. — Tête diadémée de femme à droite. ℟. METAL. DELM. Cerf au repos à gauche. Æ³. B.

CHERSONÈSE TAURIQUE

Panticapae

128. Tête barbue de Pan à droite. ℟. ΠΑΝ. Partie antérieure d'un griffon à gauche. Æ⁵. T. B.

SARMATIE

Olbia

129. Tête barbue de Pan à gauche. ℞. OABI. Arc et carquois en sautoir; à côté, une hache. Plus une autre pièce en forme de dauphin. Æ[6]. T. B.

THRACE

Byzantium

130. Tête diadémée de Jupiter à droite. ℞. ΠΥ ΕΠΙ ΔΙΟΣΚΟΥΡ. Trident. Plus une autre pièce AR. Æ[4]. T. B.

Maronea

131. — Tête de Bacchus à droite. ℞. ΔΙΟΝΥΣ... ΣΩΤΗΡ... Bacchus debout à gauche, tenant une grappe de raisin. AR[9]. T. B.

132. — Même pièce. Æ[7]. T. B.

CHERSONÈSE DE THRACE

133. Partie antérieure d'un lion à droite, se retournant à gauche. ℞. Carré creux divisé en quatre parties. 3 pièces variées. AR[3]. T. B.

ILE DE THRACE

Thasos

134. Satyre un genou en terre à gauche, tenant un canthare. ℞. ΘΑΣΙΩΝ. Diota. 2 pièces. AR[2]. T. B.

Lysimaque (roi de Thrace, 324 à 282 av. J.-C.)

135. Tête cornue et diadémée d'Alexandre à droite. ℞. ΒΑΣΙΛΕΩΣ ΛΥΣΙΜΑΧΟΥ. Pallas nicéphore assise à gauche. AR[8]. B.

136. — Même pièce. Sous la Pallas un trident, frappée à Byzance sous Mithridate? AR[10]. B.

137. — Tête d'Hercule jeune à droite. ℞. Même légende. Jupiter aétophore assis à gauche. AR[4]. F. D. C.

ILLYRIE

Apollonia

138. ΜΑΑΡΚΟΣ. Vache allaitant son veau à gauche. ℞. ΑΠΟΛ ΛΙΣΑΝΙΑ. Jardin d'Alcinous. AR[4]. T. B.

139. ΑΓΟΝΙΠΠΟΥ. Tête d'Apollon à gauche. ℞. ΔΙΝΟΚΡΑΤΗΣ ΕΡΥΜΝΑΣΤΟΥ ΑΠΟΛ. Trois jeunes filles dansant. AR[5]. T. B.

MACÉDOINE (en général)

140. Tête de Diane placée sur un bouclier macédonien. ℞. ΜΑΚΕΔΟΝΩΝ ΠΡΩΤΗΣ. Massue et HP en monogramme, le tout au milieu d'une couronne; à l'exergue, un foudre. AR[9]. T. B.

141. — Tête de Bacchante à droite. ℞. ΜΑΚΕΔΟΝΩΝ. Proue de navire. AR[3]. F. D. C.

142. — Bouclier macédonien. ℞. Le même. AR[3]. F. D. C.

Acanthus

143. — Chèvre à droite, se retournant à gauche. ℞. Carré creux divisé en quatre parties. AR[2]. F. D. C.

144. — Partie antérieure d'un lion à droite. ℞. Même carré creux. AR[3]. F. D. C.

Amphipolis

145. — Tête d'Agnon imberbe et diadémée à droite. ℞. ΑΜΦΙ. Torche allumée. Æ[2]. T. B.

Eion

146. — Cygne à droite se retournant à gauche; au-dessus un lézard. ℞. Carré creux divisé en quatre parties. AR[2]. F. D. C.

Lete

147. Silène? debout arrêtant une femme. ℞. Carré creux divisé en quatre parties. AR[5]. F. D. C.

Neapolis

148. — Masque de face tirant la langue. ℟. Carré creux divisé en quatre parties. AR². T. B.

149. — Satyre un genou en terre enlevant une femme dans ses bras. ℟. Carré creux divisé en quatre parties. AR⁶. T. B..

Orestae

150. — Satyre un genou en terre dans une posture lascive. ℟. Carré creux, divisé en quatre parties. AR². T. B.

Pella

151. Tête de jeune femme à droite; derrière le pedum. ℟. ΠΕΛΛΗΣ. Pallas thessalienne combattant à droite. Æ⁵. F. D. C.

ROIS DE MACÉDOINE

Philippe II (359 à 336 av. J.-C.)

152. — Tête laûrée d'Apollon à droite. ℟. ΦΙΛΙΠΠΟΥ. Figure dans un bige au galop à droite; dessous, un trident. OR⁴. F. D. C.

153. — Tête de Jupiter à droite. ℟. ΦΙΛΙΠΠΟΥ. Cavalier au pas à droite. AR⁷.

Alexandre III le Grand (336 à 323 av. J.-C.)

154. — Tête casquée de Minerve à droite. ℟. ΒΑΣΙΛΕΩΣ ΑΛΕΞΑΝΔΡΟΥ. Victoire debout à gauche, tenant une couronne; dans le champ, monogramme au milieu d'une couronne. OR⁴. F. D. C.

155. — Tête d'Hercule jeune à droite. ℟. Même légende. Jupiter aétophore assis à gauche; devant, ANT dans un cercle. AR⁷. F. D. C.

156. — Même pièce. 3 variétés. AR⁴. T. B. et F. D. C.

157. — Même pièce barbare frappée en Thrace sous Mithridate? 2 variétés. AR⁸. T. B.

Philippe III (323 à 316 av. J.-C.)

158. — Tête d'Hercule jeune à droite. ℟. ΒΑΣΙΛΕΩΣ ΦΙΛΙΠΠΟΥ. Jupiter aétophore assis à gauche. AR⁷.

Philippe IV? (296 à 295 av. J.-C.)

159 — Tête jeune diadémée à droite. ℞. ΦΙΛΙΠΠΟΥ. Le roi à cheval au galop à droite; dessous, une massue.
AR³. F. D. C.

160. — Lot de huit pièces de différents rois de Macédoine.
Æ. B. et T. B.

THESSALIE

Larissa

161. — Jeune homme nu debout à gauche, domptant un taureau. ℞. ΛΑΡΙΣΑΙΑ. Cheval bridé au galop à droite.
AR⁵. F. D. C.

162. — Tête de femme à droite, les cheveux retenus dans un large bandeau. ℞. Même légende et même cheval.
AR⁵. F. D. C.

163. — Tête de femme à gauche. ℞. Même légende, même cheval au galop à gauche. AR⁴. F. D. C.

ÉPIRE (en général)

164. Têtes accolées de Jupiter et de Junon à droite. ℞. ΑΠΕΙ-ΡΩΤΑΝ. Foudre ailé; le tout au milieu d'une couronne.
AR⁴. F. D. C.

Nicopolis

165. A. K. M. A. ANTΩNEINOC. Buste drapé et lauré de Caracalla? à droite. ℞. NEIKOΠOΛIC. Victoire dans un quadrige au galop à droite. Æ⁸. T. B.

ILE DE CORCYRE

166. — Vache à droite, se retournant à gauche; dessous, un petit veau. ℞. Carré creux, divisé en quatre parties informes. AR⁴. T. B.

167. — Tête de femme diadémée à gauche; derrière, monogramme. ℞. Monogramme de Corcyre. Pégase courant à droite. AR³. F. D. C.

168. — KO. Diota. ℞. ΣΩ. Grappe de raisin. Æ³. B.

169. — A. K. Λ. CEΠ CEBHPOC ΠE. Tête laurée de Sévère à droite. ℞. KOPKYPAIΩN. Pégase courant à droite. Æ⁷. F. D. C.

PHOCIDE

Phoci

170. ΦO. Tête de beuf de face. ℞. Partie antérieure d'un sanglier à droite. AR². F. D. C.

Delphi

171. — Tête nue à gauche. ℞. ΔA. Tête de bouc au milieu d'un carré. AR¹. T. B.

BÉOTIE (en général)

172. — Bouclier béotien. ℞. Carré creux, divisé en quatre parties triangulaires. AR³. B.

Plataeae

173. — Tête de femme à droite. ℞. ΠΛA. Bœuf allant à droite. Æ³. B.

Thebae

174. — Même bouclier. ℞. ΘE. Diota. AR⁵.

ATTIQUE

Athenae

175. Tête de Pallas à droite. ℞. AΘE. Chouette à droite; derrière, une branche d'olivier. 2 pièces. AR⁷. B. et T. B.

176. — Même tête avec un quadrige sur la visière du casque. ℞. Deux monogrammes, chouette de face, sur un dïota renversé. AR⁹. T. B.

177. — Même tête. ℞.AΘE. EΠI. ΓENH ΣΩΣANΔPOΣ. EYMH. Même type. AR⁸. T. B.

178. — Lot de trois oboles. AR. et une pièce Æ.

ILE DE L'ATTIQUE

Aegina

179. — Tortue de terre. R). Carré creux divisé en cinq parparties. 3 pièces. AR[1] [2] et [3]. B. et T. B.

ACHAÏE

(Monnaie de la ligue)

180. — Tête de Jupiter à droite. R). Monogramme achéen. 3 pièces variées. AR[3].

Corinthus

181. — Tête casquée de Pallas à gauche. R). Q. Pégase courant à gauche. 2 pièces variées. AR[3]. T. B.

182. — Tête de femme à gauche. R). Q. Même Pégase. 3 variétés et un petit bronze. AR[3]. T. B.

Phlius

183.—ΦΛΕΙΑ. Taureau cornupète à gauche. R). ΣΙΩΝ. Autour d'une roue dans un carré creux. Gravée. AR[4]. F. D. C.

Sicyon

184. ΣΙ. Chimère allant à gauche. R). Colombe volant à gauche. AR[4]. T. B.

ARGOLIDE

Argos

185. Tête de loup à gauche. R). A dans un creux divisé en deux parties. AR[1]. T. B.

EUBÉE

Chalcis

186. Tête de femme à droite. R). ΧΑΛ. Aigle à gauche dévorant un serpent; dans le champ, une couronne. AR[4]. B.

Histiaea

187. Tête de Bacchante couronnée de pampres à droite.

℞. ΙΣΤΙΑΕΩΝ. Femme assise sur une proue à droite. 2 pièces. AR³. T. B.

ILE D'EUROPE

Délos

188. Tête laurée d'Apollon à droite. ℞. ΔΗ. Lyre. Æ¹. B.

BOSPHORE

Colchide

189. Tête de femme avec une longue chevelure à droite. ℞. Tête de veau à droite. AR². T. B.

PONT

Amisus

190. Tête de Jupiter à droite. ℞. ΑΜΙΣΟΥ. Aigle éployé sur un foudre. Æ⁴. T. B.

Rhœmetalces, roi (132 à 154 de J.-C.)

191. ΒΑϹΙΛΕΩϹ ΡΟΙΜΗΤΑΛΚΟΥ. Buste du roi à droite; devant, un trident. ℞. ΜΗ. dans une couronne, 2 pièces. Æ⁷. T. B.

PAPHLAGONIE

Sinope

192. Tête tourelée de la ville à gauche. ℞. ΣΙΝΟ. Proue de navire; dans le champ, un acrostolium. AR³. T. B.
193. Tête de Jupiter à droite. ℞. ΣΙΝΟΠΗΣ. Aigle éployé de face. Æ⁴. T. B.

BITHYNIE

Cius

194. ΚΙΑ. Tête laurée d'Apollon à droite. ℞. ΜΙΛΕΤΟΣ. Proue de navire. Plus trois autres pièces avec des noms de magistrats différents. AR² et ³. T. B.

Nicaea

195. M. ANT. ΓΟΡΔΙΑΝΟC AVΓ. Buste radié de Gordien III à droite. ℞. NIKAIEΩN. Quatre enseignes militaires. Æ4. B.

Prusias II roi (187 à 150 av. J.-C.)

196. Tête de Bacchus ceinte de lierre à droite. ℞. ΒΑΣΙΛΕΩΣ ΠΡΟΥΣΙΟΥ. Centaure tenant une lyre, allant à droite. Æ5. T. B.

MYSIE

Lampsacus

197. Double tête imberbe. ℞. ΛΑΜ. Tête casquée de Pallas à droite. AR2. T. B.

Parium

198. Masque de face tirant la langue. ℞. ΠΑΡΙ. Bœuf à gauche, se retournant à droite. AR. T. B.

Pergamus

199. — Ciste mystique d'où s'élance un serpent, le tout au milieu d'une couronne. ℞. ΠΕ. Deux serpents enlacés autour d'un carquois; dans le champ, deux monogrammes et un thyrse. AR7. T. B.

TROADE

Alexandria

200. — COL TRO. Buste tourelé à droite. ℞. COL AVG TRO. Cheval paissant. Plus une autre pièce. Æ5. T. B.

201. — IMP. LICI. VALERIAN. Buste lauré de Valerien à droite. ℞. COL. AVG. TRO. Aigle sur une tête de bœuf. Plus une autre pièce de Trébonien Galle. Æ5. B. et T. B.

ÉOLIDE

Cyme

202. Tête jeune et diadémée à droite. ℞. ΚΥΜΑΙΩΝ ΣΕΥΘΗΣ. Cheval au pas à droite; dessous, un vase à une anse, le tout dans une couronne. AR6. T. B.

Myrrhina

203. Tête laurée d'Apollon à droite. ℞. ΜΥΡΙΝΑΙΩΝ. Apollon à demi nu, allant à droite, tenant une patère et une branche de laurier; à ses pieds un diota et la cortine. AR³. T. B.

LESBOS

Eresus

204. — Tête de Cérès à gauche. ℞. EP en monogramme, dans une couronne formée de deux épis. AR⁴. F. D. C.

205. — Même tête. ℞. EP et une torche. Même couronne. Æ². B.

Ces deux pièces ont été gravées afin de prouver l'exactitude du classement de la première, qui a été donnée à différentes villes. La couronne d'épis étant identique, ces pièces ne peuvent plus être séparées.

IONIE

Erytrae

206. Tête d'Hercule jeune à droite. ℞. ΕΡΥ ΔΙΟΝΥΣΙΟΣ. Arc, carquois et massue, 2 pièces. AR³. B.

207. — Même tête. ℞. ΒΑΤΑΚΟΣ ΠΑΡΑΜΟΝΟΥ ΕΡΥ en quatre lignes. Æ⁴. T. B.

Miletus

208. Tête d'Apollon laurée à gauche. ℞. MI. ΙΜΟΣΤΡΑΤ. Lion à gauche, se retournant vers un astre. 2 pièces variées de magistrats AR⁴. B.

Smyrna

209. — Tête tourelée de la ville à droite. ℞. ΣΜΥΡΝΑΙΩΝ ΜΕΓΑΚΛΗΣ en quatre lignes. Lion à droite, le tout dans une couronne de chêne, fabrique barbare. AR¹⁰. B.

210. — ΟΠΛΟΦΙΛΑΣ. Tête barbue d'Hercule à droite. ℞. ΣΜΥΡΝΑΙΩΝ. Victoire passant à gauche, tenant une couronne. Æ⁵. T. B.

Samos insula

211. ΕΡΕΝ ΕΤΡΟΥCΚΙΛΛΑ CEB. Buste d'Étruscille à droite, sur un croissant. ℞. ΣΑΜΙΩΝ. La Fortune debout à gauche. Æ⁸. T. B.

CARIE

Aphrodisias

212. AΥ. ΚΑΙC. ΠΟ. ΛΙ. ΓΑΛΛΙΗΝΟC. Buste radié de Gallien à gauche. ℞. Α.....ΙΕΩΝ. Figure debout dans un temple à quatre colonnes. Æ⁷. B.

Cnidus

213. Tête diadémée de Vénus à droite. ℞. ΚΝΙ. ΑΥΤΟΚΡΑΤΗΣ Partie antérieure de lion à droite. AR⁴. F. D. C.

ILES DE CARIE

Calymna

214. Tête imberbe casquée à droite. ℞. ΚΑΛΥΜΝΙΩΝ. Lyre. AR⁵. T. B.

Cos

215. Tête de Jupiter à droite. ℞. ΚΩΙ. ΤΙΜΟΞ ΕΚΑΤΑΙ. Serpent dressé à droite. AR³. F. D. C.

Rhodus

216. — Tête du soleil de face. ℞. ΑΡΙΣΤΩΜΑΧΟΣ. Rose épanouie de face. Plus deux autres petites pièces. AR⁴. F. D. C.

217. — Tête du soleil à droite. ℞. ΡΟ. Rose, dans le champ. Dauphin sur un trident. Plus une autre petite pièce. Æ³. T. B.

LYCIE

Masicytes

218. Tête d'Apollon à droite. ℞. ΜΑ. Lyre, dans le champ une torche allumée. AR³. T. B.

Ville incertaine

219. Sanglier allant à gauche. ℞. Partie antérieure d'un lion à gauche; au-dessus, la triquètre sycienne, le tout dans un carré creux. AR⁵.

PAMPHYLIE

Aspendus

220. ΑΣ. Deux lutteurs debout. ℟. Légende pamphylienne. Frondeur ajustant sa fronde. AR6.

Side

221. — Tête de Pallas à droite. ℟. ΔΙ. Victoire debout à gauche; dans le champ, une grenade. AR8. B.

CILICIE

222. — Tête d'Hercule à droite, ℟. Deux caractères phéniciens. Lion dévorant un cerf. 3 pièces. AR8.

ILE DE CHYPRE

223. Bœuf allant à gauche; au-dessus, croix ansée. ℟. Massue et branche de laurier en sautoir. AR5.

ROIS DE CHYPRE

224 — Tête de femme à gauche, avec une couronne de forme élevée. ℟. Tête de Pallas à gauche. OR1. T. B.

225. — Même tête de femme, avec une couronne radiée à gauche. ℟. Tête laurée à gauche. OR1. B.

LYDIE

Crésus, roi ?

226. Tête de lion et de taureau en regard. ℟. Creux informe. AR4. T B.

PHRYGIE

Apamea

227. Buste de Pallas à droite. ℟. ΑΠΑΜΕΩΝ. Aigle éployé, sur le détour du méandre. Æ6. B.

CAPPADOCE

Ariarathes IV ? (220 à 163 av. J.-C.)

228. Tête diadémée du roi à droite. ℞. ΒΑΣΙΛΕΩΣ ΑΡΙΑΡΑΘΟΥ ΕΥΣΕ... Pallas debout à gauche. AR^{4}.

ROIS DE SYRIE

Antiochus I Soter (281 à 262 av. J.-C.)

229. Tête diadémée du roi à droite. ℞. ΒΑΣΙΛΕΩΣ ΑΝΤΙΟΧΟΥ. Apollon assis à gauche, sur la cortine, tenant une flèche, dans la droite. AR^{7}. B.

230. Tête d'Apollon à droite. ℞. ΒΑ. ΑΝ. Trépied. Æ^{3}. T. B.

Séleucus II (247 à 226 av. J.-C.)

231. Tête diadémée du roi à droite. ℞. ΒΑΣΙΛΕΩΣ ΣΕΛΕΥΚΟΥ. Apollon debout à gauche; le coude appuyé sur un trépied, une flèche dans la droite. AR^{7}. B.

232. — Tête d'Apollon à droite. ℞. ΒΑΣΙΛΕΩΣ ΣΕΛΕΥΚΟΥ. Trépied. Æ^{5}. B.

Séleucus IV (187 à 176 av. J.-C.)

233. Tête diadémée du roi à droite. ℞. ΒΑΣΙΛΕΩΣ ΣΕΛΕΥΚΟΥ. Apollon assis sur la cortine à gauche; une flèche dans la droite, la gauche sur un arc. AR^{7}. B.

Démétrius I (162 à 151 av. J.-C.)

234. Tête diadémée du roi à droite, au milieu d'une couronne. ℞. ΒΑΣΙΛΕΩΣ ΔΗΜΗΤΡΙΟΥ ΣΩΤΗΡΟΣ. Femme assise sur un siége à gauche, tenant un sceptre et une corne d'abondance; à l'exergue ΒΞΡ (an 162). AR^{7}. T. B

Démétrius II (146 à 126 av. J.-C.)

235. — Buste jeune et diadémé du roi à droite. ℞. ΒΑΣΙΛΕΩΣ ΔΗΜΗΤΡΙΟΥ. Aigle debout à gauche; une palme sur l'aile, dans le champ ΕΙΔΩ et ΡΞΖ (en 167). AR^{8}. B.

236. — Même pièce avec la date POB (an 172). AR[4]. B.

Antiochus VI (145 à 143 av. J.-C.)

237. Tête jeune et radiée du roi à droite. ℞. ΒΑΣΙΛΕΩΣ ΑΝΤΙΟΧΟΥ. Éléphant allant à gauche. Æ[5]. B.

Tryphon (142 à 138 av. J.-C.)

238. Tête diadémée de Tryphon à droite. ℞. ΒΑΣΙΛΕΩΣ ΤΡΥΦΩΝΟΣ ΑΥΤΟΚΡΑΤΟΡΟΣ. Casque surmonté d'une corne. Æ[4]. B.

Antiochus VII (138 à 127 av. J.-C.)

239. — Tête diadémée du roi à droite. ℞. ΒΑΣΙΛΕΩΣ ΑΝΤΙΟΧΟΥ ΕΥΕΡΓΕΤΟΥ. Pallas nicéphore debout à gauche; le tout, au milieu d'une couronne, 2 pièces. AR[7]. B.

240. — Même tête. ℞. ΒΑΣΙΛΕΩΣ ΑΝΤΙΟΧΟΥ. Aigle sur un gouvernail à gauche; dans le champ, le monogramme de Tyr au-dessus d'une massue; plusieurs monogrammes et ΠΡ (an 180). Plus une petite pièce de bronze. AR[8]. F. D. C.

Antiochus VIII (123 à 97 av. J.-C.)

241. Tête diadémée du roi à droite. ℞. ΒΑΣΙΛΕΩΣ ΑΝΤΙΟΧΟΥ ΕΠΙΦΑΝΟΥΣ. Jupiter, à demi nu, debout à gauche; un astre sur la droite, la gauche sur un sceptre, le tout au milieu d'une couronne. AR[8]. T. B.

Séleucus VI (113 à 96 av. J.-C.)

242. Tête diadémée du roi à droite. ℞. ΒΑΣΙΛΕΩΣ ΣΕΛΕΥΚΟΥ ΕΠΙΦΑΝΟΥΣ ΝΙΚΑΤΟΡΟΣ. Pallas Nicéphore debout à gauche, dans le champ ΑΛΕΔΙ. AR[4]. B.

Antiochus XI (96 av. J.-C.)

243. Tête diadémée du roi à droite. ℞. ΒΑΣΙΛΕΩΣ ΑΝΤΙΟΧΟΥ ΕΠΙΦΑΝΟΥΣ. Jupiter nicéphore assis à gauche; le tout dans une couronne. AR[7]. T. B.

Philippe (an 95 av. J.-C.)

244. — Tête diadémée du roi à droite. ℞. ΒΑΣΙΛΕΩΣ ΦΙΛΙΠΠΟΥ. ΕΠΙΦΑΝΟΥΣ ΦΙΛΑΔΕΛΦΟΥ. Jupiter nicéphore assis à gauche; le tout dans une couronne. AR[7]. B.

Tigranes, roi d'Arménie (83 à 66 av. J.-C.)

245. — Buste de Tigranes, à droite, avec une tiare radiée et ornée de deux aigles et d'une étoile. ℞. ΒΑΣΙΛΕΩΣ ΤΙΓΡΑΝΟΥ. La ville d'Antioche assise à droite ; à ses pieds, l'Oronte nageant : le tout dans une couronne. AR'.

COMMAGÈNE

Iotape, reine, femme d'Antiochus IV

246. — ΒΑΣΙΛΙΣΣΑ ΙΟΤΑΠΕ ΦΙΛΑΔΕΛΦΟΣ. Tête diadémée de la reine à droite. ℞. ΚΟΜΜΑΓΗΝΩΝ. Scorpion ; le tout au milieu d'une couronne. Æ'. B.

SÉLEUCIDE

Antiochia

247. — Lot de huit pièces autonomes et impériales. Æ. B. et T. B.

248. — ΑΥΤ. ΚΑΙ ΣΕΟΥΗΡΟΣ. Buste lauré à droite. ℞. ΔΗΜΑΡΧ ΕΞ ΥΠΑΤΟΣ ΤΟ. Γ. Aigle éployé de face. POT'. B.

PHÉNICIE

Berytus

249. IMP. CAES. M. AVR. ANTONINVS AVG. Buste laurée d'Elagabale à droite. ℞. COL. IVL. AVG. FEL. BER. Astarté assise dans un temple tetrastyle. Plus une autre pièce. Æ'. B.

Biblus

250. ΑΥΤ ΚΑΙ. ΜΑΚΡΙΝΟΣ ΣΕΒ. Tête laurée de Macrin à droite. ℞. ΙΕΡΑΣ ΒΥΒΛΟΥ. Isis pharia à droite, tenant une voile enflée par le vent. Æ'. T. B.

Sidon

251. IMP. CAES. M. AVR. ANTONINVS. Buste lauré d'Elagabale à droite. ℞. COL. MET. AVR. PIA. SID.

Figure à demi nue debout sur une proue de navire.
Æ7. T. B.

Aradus Insula

252. — Mouche; dans le champ deux monogrammes. ℞. ΑΡΑΔΙΩΝ. Cerf, à droite devant un palmier. AR4. T. B.

MÉSOPOTAMIE

Edessa

253. ΑΥΤ. Κ. Μ. Α. C. ΑΛΕΞΑΝΔΡΟC. Buste lauré à gauche, tenant un bouclier. ℞. Μ. Κ. ΕΔΕCCΗΝΩΝ. Femme assise à gauche. Plus deux autres pièces. Æ3. T. B.

ROI DE PERSE

Darius? (521 à 485 av. J.-C.)

254. — Le roi barbu un genou en terre, tenant un arc et un javelot. ℞. Aire en creux informe. OR4. B.

255. — Même pièce en argent, deux pièces. AR4.

ROI PARTHE

Arsaces VI. Mithridates I (170 à 140 av. J.-C.)

256. — Buste barbu du roi à gauche, avec la tiare. ℞. ΒΑΣΙΛΕΩΣ ΒΑΣΙΛΕΩΝ ΜΕΓΑΛΟΥ ΑΡΣΑΚΟΥ ΕΠΙΦΑΝΟΥΣ. Le roi assis à droite, tenant un arc. Plus trois autres pièces.
AR4. T. B.

ROIS PERSES SASSANIDES

Sapor II (310 à 380 de J.-C.)

257. — *L'adorateur d'Ormuzd, l'excellent Sapor, roi de l'Iran ?* en caractères sassanides. Buste de Sapor à droite avec une couronne crénelée. ℞. *Le divin Sapor.* Mêmes caractères. Pyrée avec des flammes de chaque côté, le roi et un mobed. Plus deux autres pièces. AR7. T. B.

ROIS DE LA BACTRIANE

Eucratides (180 à 160 av. J.-C.)

258. ΒΑΣΙΛΕΩΣ ΜΕΓΑΛΟΥ ΕΥΚΡΑΤΙΔΟΥ. Buste casqué du roi à droite. ℞. *Mâhârajasa Eâkrâtidasa* en caractères bactriens. Les Dioscures au galop à droite, pièce de forme carrée. Æ^{3}. T. B.

Menander (161 à 140 av. J.-C.)

259. ΒΑΣΙΛΕΩΣ ΣΩΤΗΡΟΣ ΜΕΝΑΝΔΡΟΥ. Buste du roi diadémé à gauche, frappant de sa lance. ℞. *Mâhârajasa tradutasa Menadrasa* en légende bactrienne. Pallas thessalienne combattant à droite. AR^{4}. F. D. C.

260. — Même légende. Buste diadémé du roi à droite. ℞. Même type; mais Pallas à gauche. AR^{4}. F. D. C.

261. — Même légende. Tête d'éléphant à droite. ℞. Même légende bactrienne. Massue, pièce de forme carrée. Æ^{4}. T. B.

ROIS D'ÉGYPTE

Ptolémée VIII Evergète II (170 à 117 av. J.-C.)

262. Tête diadémée du roi, sous les traits de Soter, à droite. ℞. ΒΑΣΙΛΕΩΣ ΠΤΟΛΕΜΑΙΟΥ. Aigle sur un foudre à gauche; dans le champ, ΠΑ et L. N. (an 50). AR^{7}. F. D. C.

Cléopatre II (145 av. J.-C.)

263. ΒΑΣΙΛΙΣΣΗΣ ΚΛΕΟΠΑΤΡΑΣ. Tête de la reine sous les traits de l'Afrique, avec une peau d'éléphant. ℞. ΒΑΣΙΛΕΩΣ ΠΤΟΛΕΜΑΙΟΥ. Aigle éployé à gauche. Æ^{5}. T. B.

Alexandria

264. Sans légende. Tête de Domitien à droite. ℞. L. ΙΑ (an 11). Coiffure d'Isis. Æ^{3}. T. B.

CYRÉNAÏQUE

Cyrene

265. ΕΥC. Tête de Bacchus lybien cornue à gauche. ℞. Tête de femme à droite. OR[1].

266. Même tête de Bacchus lybien cornu à droite. ℞. ΚΥΡΑ. Silphium; dans le champ, un trépied. Plus une pièce. Æ. AR[6].

Lybiens

267. ΛΙΒΥΩΝ. Tête laurée de Jupiter à droite; derrière une lettre phénicienne. ℞. ΛΙΒΥΩΝ. Taureau cornupète à droite; au-dessus, caractère phénicien; dessous, A. Gravée. AR[8]. B.

ZEUGITANE

Carthago

268. — Tête d'Hercule jeune à droite. ℞. *Mechasbim* en phénicien. Buste de cheval à gauche; derrière, un palmier. AR[6]. T. B.

269. — Tête de Proserpine à gauche, au milieu de quatre dauphins. ℞. *Am. Machanat* en phénicien. Même buste de cheval à gauche. AR[7]. F. D. C.

270. — Tête de Cérès à gauche. ℞. Sans légende. Cheval debout à droite. OR[2]. T. B.

271. — Même pièce. AR[3]. T. B.

272. — Même pièce, un astre au-dessus du cheval; O, dessous. AR[4]. F. D. C.

273. — Lot de six médailles. Æ[4]. B.

ROIS DE NUMIDIE

Micipsa, etc. (148 à 118 av. J.-C.)

274. Tête diadémée et barbue du roi à gauche. ℞. Cheval courant à gauche; dessous, un point. Æ[3]. B.

Jugurtha (118 à 106 av. J.-C.)

275. Tête imberbe et laurée du roi? à gauche. ℞. Eléphant allant à droite; dessous, un caractère phénicien. AR[4]. F. D. C.

Hiempsal II (106 à 60 av. J.-C.)

276. Tête virile imberbe et couronnée d'épis à droite. ℞. Cheval au galop à droite; dessous, deux caractères phéniciens. AR[3]. F. D. C.

Juba I (60 à 46 av. J.-C.)

277. REX IVBA. Buste diadémé de Juba à droite, un sceptre sur l'épaule. ℞. Légende phénicienne. Temple à huit colonnes. AR[4]. F. D. C.

ROIS DE MAURITANIE

Juba II (25 à 23 av. J.-C.)

278. — REX IVBA. Tête diadémée du roi à droite. ℞. ET AZ (an 37). Deux cornes d'abondance. AR[2]. F. D. C.

279. — REX IVBA. Tête du roi à droite. ℞. Sans légende. Coiffure d'Isis. Æ[4].

Ptolémée (23 à 40 de J.-C.)

280. REX PTOLEMAEVS. Buste diadémé du roi à droite. ℞. RA... Deux cornes d'abondance. AR[2]. B.

281. AVGVSTVS DIVI F. Tête nue d'Auguste à droite. ℞. C. LAETILIVS APALVS II, V, Q. Ecrit autour d'un bandeau royal dans lequel on lit REX PTOL. Æ[6]. T. B.

Incertaine

282. Tête de lièvre à gauche. ℞. Tête de mouton à droite. Plus une autre pièce. AR[2]. T. B.

II

Médailles romaines

AS COULÉS ET DIVISIONS

283. Tête de Janus avec I. ℞. Proue de navire à droite et I (pl. 75, n. 1). Module 17. As. T. B.

284. Même pièce. Module 18. As. T. B.

285. Même pièce, première réduction, la proue à gauche. Module 12. As. T. B.

286. Tête de Rome? avec un casque terminé par une tête d'oiseau à droite; derrière, I ℞. Roue. Dans les rayons le chiffre 1 (*Alba?*). As. T. B.

287. Tête de Jupiter à gauche; derrière, S. ℞. Proue et S. Mod. 8. 2e réduction. *Semis*. T. B.

288. Pégase courant à droite; dessous, S. ℞. Même Pégase à gauche (localité incertaine). Mod. 15. *Semis* T. B.

289. Chien couché à gauche. ℞. TVTERE. Lyre (*Tuder*). Mod. 9. *Semis* B.

290. Croix. ℞. Même croix; dans les cantons L et .... (*Luceria?*). *Quincaux* T. B.

291. Tête de Pallas à gauche; dessous, ..., ℞. Proue de navire et .... Mod. 13. *Triens* B.

292. Foudre et ...., ℞. Dauphin et .... 2 pièces (*Ardea*). Mod. 14. *Triens* B.

293. Foudre et .... ℞. Même foudre et .... *Triens* B.

294. Buste de cheval à droite; dessous, ... ℞. Même buste à gauche (localité incertaine). Mod. 14. *Triens* B.

295. Main entourée de lanières et .... ℞. Deux massues. TVTERE et .... (*Tuder*). Mod. 7. *Triens* T. B.

296. Main ouverte et ... ℞. Deux grains d'orge (*Ardea?*). Mod. 12. *Quadrans* B.

297. Main ouverte; dans le champ, massue et ... ℞. Même main (*Préneste?*). Mod. 12. *Quadrans* T. B.

298. Grenouille et ... ℞. Ancre TV et ... (*Tuder*). Mod. 6. *Quadrans* T. B.

299. Dauphin à gauche et ... ℞. Grande étoile. Mod. 12. *Quadrans* T. B.

300. Tête d'un Dioscure à droite et .. ℞. Même tête à gauche (localité incertaine). Mod 11. *Sextans* B.

301. Pétoncle .. ℞. Même pétoncle en creux .. (*Préneste?*). Mod. 12. *Sextans* B.

302. Pétoncle; dessous .. ℞. Caducée; dans le champ, strigile et .. (*Ardea?*). Mod. 12. *Sextans* T. B.

303. Pétoncle. ℞. Osselet; dans le champ, L et .. (*Luceria*?). *Sextans* B.

304. Massue. ℞. Deux points; pièce de forme ovale (localité incertaine). 3 pièces. *Sextans* B. et T. B.

305. Même pièce avec un seul point. *Once* B.

306. Croissant. ℞. Même type. *Once*.

307. Fer de lance .. ℞. Grappe de raisin. *Once* B.

308. Osselet. ℞. Même osselet. 2 pièces, l'une avec la massue (localité incertaine). Mod. 6. *Once* T. B.

309. Grand H remplissant le champ. ℞. AΣ (*Asculum* et *Hadria?*). Mod. 7.

PREMIÈRES MONNAIES

FRAPPÉES SOUS LA RÉPUBLIQUE

310. Double tête de Janus. ℞. ROMA (en creux). Même type. Double denier. 3 pièces. AR. T. B.

311. Même type. Lettres en relief. AR. T. B.

312. x Tête de Rome. ℞. ROMA. Les Dioscures au galop à droite; dessous, massue. AR. denier. T. B.

313. V Tête de Rome à droite. ℟. Même type. 3 variétés. AR. 1/2 denier. F. D. C.

314. IL. S. Même tête. ℟. Même type (n. 6). AR. sesterce. T. B.

315. X et ROMA. Même tête. ℟. Rome assise à droite sur des boucliers ; à ses pieds, la louve ; dans le champ, deux colombes volant. AR. B.

316. Tête de Jupiter à droite. ℟. ROMA. Victoire debout couronnant un trophée. AR. victoriat. B.

317. As, triens, quadrans et once, 4 pièces. B. et T. B.

CONSULAIRES

Tous les numéros cités sont ceux de l'ouvrage de M. Cohen.

ACCOLEIA

318. P. ACCOLEIVS LARISCOLUS. Buste de Clymène. ℟. Clymène et les deux sœurs de Phaéton debout, se transformant en arbres (n. 1). R[1]. AR. T. B.

ACILIA

319. SALVTIS. Tête de la Santé. ℟. MAN. ACILIUS III. VIR. VALETU. Hygiée debout appuyée sur une colonne (n. 2). 2 pièces. AR. F. D. C.

AELIA OU ALLIA

320. BALA. Tête de Junon Lucine. ℟. C. ALLI. Diane dans un bige de cerfs à droite (n. 3). AR. T. B.

AEMILIA

321. M. SCAVR. AED. CVR. EX. S. C. REX ARETAS. Le roi Arétas à genoux près d'un chameau. ℟. P. HYPSAE. AED. CVR. C. HYPSAE. COS PREIV. CAPT. Jupiter dans un quadrige à gauche (n. 1). AR. T. B.

322. ROMA. Tête de Vénus. ℟. MAN AEMILIO. Statue équestre sur un pont. Dessous, LEP (n. 3). AR. T. B.

323. PAVLLVS LEPIDVS CONCORDIA. Tête de la Concorde. ℟. TER. PAVLVS. Paul Émile érigeant un trophée. Au pied, Persée et ses fils captifs (n. 9). AR. T. B.

324. Même tête. ℟. PUTEAL SCRIBON LIBO. Margelle d'un puits (n. 10). AR. T. B.

ANNIA

325. C. ANNI. T. F. T. N. PRO. COS EX. S. C. Tête de Junon Moneta. ℞. L. FABI L. F. HISP. Victoire dans un quadrige au galop à droite (n. 1). AR. T. B.

ANTESTIA

326. C. ANTESTI. Tête de Rome; devant, X. ℞. ROMA. Les Dioscures au galop à droite; dessous, un chien (n. 1). AR. T. B.

ANTIA

327. RESTIO. Tête nue du tribun Restius. ℞. C. ANTIVS C. F. Hercule allant à gauche, tenant un trophée et la massue (n. 2). R. AR. T. B.

ANTONIA

328. S. C. Tête de Jupiter. ℞. C. ANTO. BALB. PR. Victoire dans un quadrige au galop à droite (n. 1). 2 pièces. AR. T. B.

APPULEIA

329. Tête casquée de Rome à gauche. ℞. L. SATVRNIN. Saturne dans un quadrige à droite (n. 2). Deux pièces. AR. T. B.

AQUILIA

330. VIRTVS III VIR. Tête casquée de la Vertu. ℞. MAN. AQVIL. MAN. F. MAN. N. Soldat debout relevant la Sicile en pleurs (n. 2). 2 pièces. AR. T. B.

ARRIA

330 *bis*. M. ARRIVS SECVNDVS. Tête virile de M. Arrius. ℞. Sans légende. Haste entre une couronne et une phalère (n. 2). AR. T. B.

ATILIA

331. SARAN. Tête de Rome; devant, X. ℞. M. ATILI ROMA. Les Dios[illegible] galop à droite (n. 1). AR. T. B.

BAEBIA

332. TAMPIL. Tête de Rome à gauche; devant, X. R. M.BAEBI Q. F. ROMA. Apollon dans un quadrige à droite (n. 6). 2 pièces. AR. F. D. C.

CAECILIA

333. L. METEL A. ALB. S. F. Tête d'Apollon. R. C. MALL. ROMA. Victoire debout couronnant une figure assise à gauche (n. 4). AR. T. B.

334. ROMA. Tête d'Apollon. R. M. METELLVS Q. F. Tête d'éléphant sur un bouclier macédonien (n. 7). AR. T. B.

335. ROMA. Tête de Rome. R. C. METELLVS. Bige d'éléphants à gauche (n. 8). 2 pièces. AR. T. B.

336. Q.METEL PIVS. Tête de Neptune. R. SCIPIO IMP. Eléphant allant à droite (n. 9). AR. T. B.

337. Tête de la Piété. R. IMPER. Instruments de sacrifice (n. 11). AR. T. B.

CALPURNIA.

338. Tête de Rome à droite; derrière X. R. P. CALP. ROMA. Figure dans un bige au galop à droite, couronnée par la Victoire (n. 2). AR. T. B.

339. Tête d'Apollon à droite. R. L. PISO FRUGI. Cavalier courant à droite (n. 10). AR. T. B.

340. Tête d'Apollon à droite. R. C. PISO. L. F. RRVG. Cavalier courant à droite. AR. T. B.

341. PISO CAEPIO A. Tête de Saturne. R. AD. FRV. EMV. EX. S. C. Les questeurs Pison et Cépion assis (n. 24). 2 pièces, AR. B.

342. CN. PISO PRO.. Tête de Numa avec NVMA sur le diadème. R. MAGN. PRO. COS. Proue de navire (n. 25). AR. T. B.

343. Tête de Janus. R. L. PISO FRVGI. Proue (n. 3). M. B. AS. T. B.

CARISIA

344 Buste de la Victoire; derrière, S. C. R. T. CARISI. Figure dans un bige au galop à droite (n. 1). AR. T. B.

345 MONETA. Tête de Junon Monéta. R. T. CARISIVS. Instruments de monnayage (n. 7). AR. B.

CASSIA

346. Tête de Bacchus jeune à droite. ℟. L. CASSI. Q. F. Tête de Proserpine à gauche (n. 3). AR.

347. Tête voilée de Vesta à gauche; derrière, le simpule. ℟. LONGIN III. V. Sénateur debout (n. 4). AR. T. B.

348. Tête d'Apollon à droite. ℟. Q. CASSIUS. Aigle sur un foudre (n. 6). AR. T. B.

349. Q. CASSIVS LIBERT. Tête de la Liberté. ℟. A. C. Temple de Vesta (n. 7). AR. T. B.

350. Q. CASSIUS VEST. Tête voilée de Vesta à droite. ℟. Le même (n. 8). AR. T. B.

CIPIA

351. M. CIPI M. F. Tête de Pallas à droite; derrière, X. ℟. ROMA. Victoire dans un bige au galop à droite (n. 1). AR. T. B.

CLAUDIA

352. Tête de Rome. ℟. C. PVLCHER. Victoire dans un bige au galop à droite (n. 2). AR. T. B.

353. S. C. Buste de Diane. ℟. TI. CLAVD. TI. F. AP. N. Victoire dans un bige à droite (n. 3). AR. T. B.

354. Tête laurée d'Apollon à droite; derrière, une lyre. ℟. P. CLODIVS M. F. Diane debout tenant deux torches (n. 6). 2 pièces, une incuse. AR. T. B.

CLOULIA

355. ROMA. Tête de Rome à droite. ℟. T. CLOVLI. Victoire dans un bige au galop à droite (n. 1). AR. T. B.

COELIA

356. C. COEL. CALDVS COS. Tête nue de Coelius Caldus; devant, un sanglier; derrière, une enseigne avec HIS. ℟. L. CALDVS III VIR EPVL C CALDVS IMP. A. X. CALDVS VII VIR. Figure couchée sur un lit entre deux trophées (n. 5). AR. T. B,

COPONIA

357. Q. SICINIVS III VIR. Tête d'Apollon. ℞. C. COPONIVS P. R. S. C. Massue couverte de la peau du lion, la tête à droite (n. 1). AR. F. D. C.

CORNELIA

358. CN. BLASIO. CN. F. Tête casquée de Scipion. ℞. ROMA. Jupiter, Junon et Pallas debout (n. 4). AR. T. B.

359. G. P. R. Tête du Génie de Rome. ℞. CN. LEN. Q. EX. S. C. Globe, gouvernail et sceptre (n. 10). AR. T. B.

360. L. LENT. C. MAR. COS. Tête de Jupiter jeune à droite. ℞. Jupiter debout près d'un autel (n. 14). R[1]. AR. T. B.

361. L. SVLLA. Tête de Vénus devant Cupidon debout. ℞. IMPER ITERVM. Deux trophées, etc. (n. 17). AR. T. B.

362. SVLLA COS. F. POMPEI. RUF. Chaise curule. ℞. Q. POMPEI. Q. F. RVFVS COS. Chaise curule (n. 20). Deux pièces. AR. B.

363. S. C. Tête d'Hercule jeune à droite. ℞. Globe entre quatre couronnes (n. 21). AR. T. B.

364. LENTVLVS SPINT. Praefericulum et lituus. ℞. BRVTVS. Hache, simpule et secespita (n. 26). AR. T. B.

CREPUSIA

365. Tête laurée de Jupiter enfant à droite. ℞. P. CREPVSI. Cavalier au galop à droite (n. 1). AR. T. B.

CURTIA

366. Q. CVRT. Tête de Rome à droite; devant, X. ℞. M. SILA ROMA. Jupiter dans un quadrige au galop à droite (n. 1). AR. B.

DOMITIA

367. Tête de Rome à droite; derrière, un épi. ℞. CN. DOM. ROMA. Victoire dans un bige au galop à droite (n. 2). AR.

368. AHENOBAR. Tête nue d'Ahénobarbus à droite. ℞. CN. DOMITIVS IMP. Trophée sur une proue (n. 4). AR. T. B.

368 *bis*. Tête de Jupiter à droite; derrière, S. ℞. CN. DOM. ROMA. Proue (n. 1). Semis. M. B. T. B.

EGNATIA

369. MAXSVMVS. Tête de la Liberté à droite. ℞. EGNATIVS CN. F. CN. N. Rome et Vénus debout, entre deux rames; dans le champ, Cupidon (n. 2). AR. T. B.

FABIA

370. LABEO ROMA. Tête de Rome à droite et X. ℞. Q. FABI. Jupiter dans un quadrige au galop à droite (n. 2). AR. F. D. C.

371. Q. MAX. ROMA. Tête de Rome à droite. ℞. Corne d'abondance et foudre en sautoir (n. 3). AR. T. B.

FARSULEIA

372. MENSOR S. C. Tête de la Liberté à droite. ℞. L. FARSULEI. Figure casquée dans un bige au galop à droite (n. 1). 2 pièces. AR. F. D. C.

FLAMINIA

373. X et ROMA. Tête casquée de Rome à droite. ℞. L. FLAMINI CHILO. Victoire dans un bige au galop à droite (n. 1). AR. B.

FONTEIA

374. MAN. FONTEI C. F. AR. Tête de Jupiter jeune à droite. ℞. Génie de Jupiter sur la chèvre Amalthée; en haut, les bonnets des Dioscures (n. 4). AR. T. B.

375. P. FONTEIVS. P. F. CAPITO III VIR. Buste de Mars. ℞. MAN. FONT. TR. MIL. Cavalier au galop à droite, terrassant deux guerriers (n. 9). 2 pièces. AR. T. B.

FUFIA

376. KALENI. HO. VIR. Têtes accolées de l'Honneur et de la

Vertu à droite. ℟. CORDI RO. ITAL. Rome et l'Italie debout (n. 1). AR. T. B.

377. AED. CVR. Tête tourelée de Cybèle à droite. ℟. P. FOVRIVS sur une chaise curule; à l'exergue, CRASSIPES (n. 4). AR. B.

378. BROCCHI III VIR. Tête de Cérès à gauche. ℟. L. FVRI C. N. F. Chaise curule entre deux faisceaux (n. 5). 2 pièces. AR. T. B. et F. D. C.

GALLIA

378 *bis*. C. GALLIVS C. F. LVPERCVS III VIR. A. A. A. F. F. dans le champ. S. C. ℟. OB. CIVIS SERVATOS. Couronne cernée de 2 palmes (n. 1). Pièce du module des médaillons. G. B. T. B.

HOSIDIA

379. GETA III VIR. Buste diadémé de Diane à droite. ℟. C. HOSIDI C. F. Sanglier percé d'une flèche, poursuivi par un chien (n. 1). AR. F. D. C.

380. Variété. La tête de Diane plus grosse et sans diadème (n. 2). AR. F. D. C.

HOSTILIA

381. Tête de Vénus à droite. ℟. L. HOSTILIVS SASERNA. Victoire portant un trophée allant à droite (n. 1). AR. T. B.

382. Tête de la Peur à droite; derrière, un bouclier. ℟. Même légende. Mars combattant dans un bige au galop à droite (n. 2). AR. T. B.

383. Tête de la Pâleur à droite; derrière, un carnyx. ℟. Même légende. Diane d'Ephèse debout de face (n. 3). AR. F. D. C.

JULIA

384. XVI. Tête de Rome à droite. ℟. L. IVLI ROMA. Les Dioscures au galop à droite (n. 1). AR. T. B.

385. Tête jeune ailée avec un trident à droite. ℟. L. IVLI BVRSIO. Victoire dans un quadrige au galop à droite (n. 5). AR. T. B.

386. Tête de Vénus à droite. ℟. CAESAR. Enée emportant Anchise (n. 9). 2 pièces. AR. T. B.

387. CAESAR. Eléphant à droite. ℟. Instruments de sacrifice (n. 10). 2 pièces. AR. F. D. C.

388. Tête de Vénus à gauche; devant, Cupidon. ℟. CAESAR. Trophée. Au pied, deux figures gauloises (n. 12). AR. T. B.

389. COS. TERT. DICT. ITER. Tête de Cérès à droite. ℟. AVGVR. PONT. MAX. Instruments de sacrifice (n. 17). AR. T. B.

390 CAESAR III VIR. R. P. C. Buste de Mars à droite. ℟. S. C. Aigle entre deux enseignes (n. 27). AR. T. B.

391. Tète de Vénus à droite. ℟. CAESAR DIVI. F. Auguste? allant à gauche (n. 45). R[4] AR. T. B.

JUNIA

392. X. Tête de Rome à droite. ℟. C. IVNI. C. F. ROMA. Les Dioscures au galop à droite (n. 1), AR. T. B.

393. X. Tête de Rome à droite; derrière, une tête d'âne. ℟. M. IVNI. ROMA. Même type (n. 2). AR. T. B.

394. Tête de Rome à droite. ℟. D. SILANVS ROMA. Victoire dans un bige à droite (n. 5). AR. F. D. C.

395. SALUS. Tête de la Santé à droite. ℟. D. SILANVS L. F. Victoire dans un bige à droite (n. 7). AR. T. B.

395 *bis*. BRVTVS. Tête de Brutus à droite. ℟. AHALA. Tête d'Ahala (n. 11). AR. F. D. C.

396. LIBERTAS. Tête de la Liberté à droite. ℟. BRVTVS. Brutus suivi de trois licteurs (n. 12). AR. T. B.

LICINIA

397. Buste de Jupiter jeune à gauche, lançant la foudre. ℟. C. LICINIVS C. F. MAN. Pallas dans un quadrige au galop à droite (n. 1). AR. B.

398. Tête de Vénus à droite; derrière, S. C. ℟. P. CRASSVS M. F. Chevalier romain debout (n. 2). 2 pièces. AR. T. B.

LIVINEIA

399. Tête nue de Livinieus à droite. ℞. L. LIVINEIVS REGVLVS La chaise curule entre six faisceaux (n. 3). AR. T. B.

LUCILIA

399 *bis*. P. V. Tête de Rome à droite. ℞. M. LVCIL RVF. Victoire dans un bige au galop à droite (n. 1). AR. T. B.

LUCRETIA

400. X. TRIO. Tête de Rome à droite. ℞. CN. LVCR. ROMA. Les Dioscures au galop à droite (n. 1). AR. T. B

MAENIA

401. Tête de Rome à droite. ℞. P. MAE ROMA. Les Dioscures au galop à droite (n. 1). AR. F. D. C

MAMILIA

402. Buste de Mercure à droite. ℞. C. MAMIL LIMETAN. Ulysse debout à droite (n. 1). AR. F. D. C.

MARCIA

403. X. LIBO. Tête de Rome à droite. ℞. Q. MARC. ROMA. Les Dioscures au galop à droite (n. 1). AR. T. B.

404. X. Même tête; derrière, le modius. ℞. M. MARC. ROMA. Victoire dans un bige au galop à droite (n. 3). AR. B.

405. X. Même tête. ℞. Q. PHILIPPVS ROMA. Philippe V de Macédoine, au galop à droite (n. 4). AR. T. B.

406. ANCVS. Tête du roi Ancus à droite. ℞. PHILIPPVS. Statue équestre de Quintus Marcius sur un pont. AQVA MAR (n. 8). 3 pièces. AR. T. B.

407. Tête d'Apollon à droite. ℞. L. CENSOR. Le satyre Marsias debout (n. 9). 2 pièces. AR. F. D. C.

408. NUMA POMPIL. ANCVS MARCIVS. Têtes accolées de Numa et d'Ancus à droite. ℞. C. CENSO ROMA. Deux proues de vaisseau (n. 10). M. B. T. B.

MARIA

409. CAPIT. XXXXVIIII. Tête de Cérès à droite. ℟. C. MAR C. F. S. C. Colon conduisant deux bœufs à gauche; au-dessus, XXXXVIIII (n. 3). AR. T. B.

MEMMIA

410. Tête virile couronnée de chêne à droite. ℟. L. MEMMI. Les Dioscures debout près de leurs chevaux (n. 1). AR. T. B.

411. ROMA. Tête de Saturne à gauche. ℟. L. MEMMI GAL. Vénus couronnée par Cupidon dans un bige à gauche (n. 2). 2 pièces. AR. T. B.

412. C. MEMMI C. F. Tête de Cérès à droite. ℟. C. MEMMIVS IMPERATOR. Captif attaché à un trophée (n. 4). 3 pièces. AR. T. B. et F. D. C.

413. C. M. C. F. QVIRINVS. Tête de Romulus à droite. ℟. MEMMIVS AED. CERIALIA PREIMVS FECIT. Cérès assise à droite (n. 5). 3 pièces. AR. T. B. et F. D. C.

MINUCIA

414. X. ROMA. Tête de Rome à droite. ℟. C. AVG. Deux hommes en toge debout près d'une colonne (n. 3). 2 pièces. AR. F. D. C.

415. Tête de Rome à gauche, ornée de plumes. ℟. F. TERM. M. Q. Deux soldats debout combattant; au milieu, un soldat à terre (n. 5). 2 pièces. AR. T. B.

MUCIA

416. KALENI HO. VIRT. Têtes accolées de l'Honneur et de la Vertu à droite. ℟. CORDI. ITA. RO. Rome et l'Italie debout (n. 1). AR. F.

MUSSIDIA

417. CONCORDIA. Tête de la Concorde à droite. ℟. MVSSIDIVS LONGVS. Deux figures dans l'enceinte des comices; au bas, CLOACIN (n. 5). AR. T. B.

NAEVIA

418. S. C. Tête de Vénus à droite. ℟. C. NAE. BALB. Victoire dans un trige au galop à droite (n. 1). 2 pièces.
AR. T. B. et F. D. C.

419. C. NAEVIVS SVRDINVS III VIR. A. A. A. F. F. dans le champ, S. C. ℟. AVGVSTVS TRIBVNIC. POTEST. Dans une couronne (n. 2). M. B. T. B.

NONIA

420. SUFENAS S. C. Tête de Saturne à droite. ℟. SEX. NONI. P. R. L. V. P. F. Rome assise couronnée par la Victoire (n. 1). AR. B.

OPEIMIA

421. X. Tête de Rome à droite. ℟. L. OPEIMI ROMA. Victoire dans un quadrige au galop à droite (n. 1). AR. B.

PAPIA

422. Tête de Junon Sospita à droite. ℟. L. PAPI. Griffon à droite (n. 1). AR. T. B.

PEDANIA

423. COSTA. LEG. Tête de femme à droite. ℟. BRVTVS IMP. Trophée (n. 1). AR. T. B.

PETILIA

424. PETILIVS CAPITOLINVS. Aigle éployé sur un foudre. ℟. Temple à six colonnes (n. 2). AR. T. B.

PETRONIA

425. TVRPILIANVS III VIR FERON. Tête de la déesse Féronie à droite. ℟. CAESAR AVGVSTVS SIGN. RECE. Parthe à genoux présentant une enseigne (n. 4). R[1]. AR. T. B.

426. Une pièce avec la tête de Bacchus à droite (n. 5).
AR. T. B.

PINARIA

427. X. Tête de Rome à droite. ℟. NATA ROMA. Victoire dans un bige au galop à droite (n. 1). 3 pièces. AR. F. D. C.

428. M. ANTO. COS. IMP. IIII. Tête d'Ammon à droite. ℟. ANTONIO AVG. SCARPUS IMP. Victoire passant à droite (n. 3).
AR. B.

PLAETORIA

429. Tête d'Apollon à droite. ℟. CN. PLAETORI CEST. EX S. C. Caducée ailé (n. 3). AR. T. B.

430. CESTIANVS. Buste casqué de femme à droite. ℟. M. PLAETORI. M. F. AED. CVR. Aigle éployé sur un foudre (n. 9). 2 pièces. AR. T. B.

PLANCIA

431. CN. PLANCVS AED. CVR. S. C. Tête de Diane Plancienne à droite. ℟. Chèvre à droite (n. 1). AR. T. B.

PLAVTIA

432. P. YPSAE S. C. Tête d'Amphitrite à droite. ℟. C. YPSAE COS PRIV CEPIT. Jupiter foudroyant dans un quadrige au galop à droite (n. 5). AR. T. B.

433. A. PLAVTIVS AED. CVR. Tête de Cybèle à droite. ℟. BACCHIVS IVDAEVS. Le roi d'Arabie, à genoux près de son chameau (n. 6). AR. T. B.

434. L. PLAVTIVS. Tête de Méduse de face. ℟. PLANCVS Le char de l'Aurore de face (n. 7). 2 pièces variées.
AR. T. B.

POBLICIA

435. ROMA. Tête de Rome à droite. ℟. C. POBLICI Q. F. Hercule debout à gauche étouffant le lion (n. 7). 2 pièces.
AR. F. D. C.

POMPEIA

436. X. Tête de Rome à droite; derrière, un vase. ℟. SEX. PO. FOSTULVS ROMA. Remus et Romulus allaités par la louve (n. 1). AR. B.

POMPONIA

437. Tête de Terpsichore à droite. ℟. Q. POMPONI MUSA. Terpsichore debout, tenant une lyre et le plectrum (n. 11).
AR. T. B.

438. Tête d'Uranie à droite. ℟. Même légende. Uranie debout, à gauche, posant un globe sur un trépied (n. 15).
R[1] AR. F.

PORCIA

439. X. LAECA. Tête de Rome à droite. ℟. M. PORC. ROMA. La Liberté dans un quadrige au galop à droite (n. 2).
AR. B.

440. ROMA. Tête de la Liberté à droite. ℟. VICTRIX. Victoire assise à gauche (n. 6). AR. B.

POSTUMIA

441. X. Tête de Rome à droite. ℟. L. POST. ALB. ROMA. Mars casqué dans un quadrige au galop à droite (n. 1).
AR. T. B.

442. Buste de Diane à droite. ℟. A. POST. A. F. S. N. ALBIN. Sacrificateur avec un taureau sur une montagne (n. 5). 3 pièces. AR. T. B. et F. D. C.

443. HISPAN. Tête de la province d'Espagne à droite. ℟. A. POST. A. F. ALBIN. Homme debout levant la gauche vers une aigle romaine (n. 6). 2 pièces. AR. T. B.

444. Tête de Mars à droite. ℟. Même légende. Deux trompettes et deux boucliers gaulois (n. 9). R[1] AR. T. B.

445. A. POSTVMIVS COS. Tête nue de Postumius. ℟. Même légende, en deux lignes, dans une couronne (n. 10). 3 pièces. R[1] AR. T. B.

PROCILIA

446. S. C. Tête de Jupiter à droite. ℟. L. PROCILI. F. Junon Sospita debout à droite (n. 1). AR. F. D. C.

RENIA

447. X. Tête de Rome à droite. ℟. C. RENI. ROMA. Junon Moneta dans un bige de cerfs au galop à droite (n. 1).
AR. T. B.

ROSCIA

448. L. ROSCI. Tête de Junon Sospita à droite. ℟. FABATI. Hy-

giée ? debout nourrissant un serpent (n. 1). 2 pièces. AR. T. B.

RUBRIA

449. DOS. Tête de Junon à droite. ℞. L. RVBRI. Une proue sur le char (n. 2). AR. T. B.

450. DOSSEN. Tête de Neptune à droite. ℞. L. RVBRI. Victoire debout à droite (n. 4). AR. Q. T. B.

RUSTIA

451. S. C. Tête de Mars à droite. ℞. L. RVSTI. Bélier à droite (n. 1). AR. F. D. C.

RUTILIA

452. FLAC. Tête de Rome à droite. ℞. L. RVTIL. Victoire dans un bige au galop à droite (n. 1), AR. T. B.

SANQUINIA

453. M. SANQVINIVS. Q. F. III VIR. A. A. A. F. F. Dans le champ, S. C. ℞. OB. CIVIS SERVATOS. Dans une couronne cornée de deux palmes (n. 1). G. B. T. B.

454. Même légende et S. C. ℞. AVGVSTVS TRIBVNIC. POTEST en trois lignes dans une couronne de chêne (n. 2). M. B. B,

SATRIENA

455. Tête de Mars à droite. ℞. P. SATRIENVS ROMA. Louve allant à gauche (n. 1). 2 pièces. AR. T. B.

SCRIBONIA

456. BON. EVENT. LIBO. Tête de Bonus Eventus à droite. ℞. PVTEAL SCRIBON. Margelle d'un puits (n. 2). 2 pièces. AR. F. D. C.

SEMPRONIA

457. PITIO. Tête de Rome à droite; devant, X. ℞. SEMP ROMA. Les Dioscures au galop à droite (n. 2). AR. T. B.

SENTIA

458. AVG. PVB. Tête de Pallas à droite. ℞. L. SENTI. Jupiter dans un quadrige au galop à droite (n. 1). AR. F. D. C.

SERGIA

459. X. ROMA EX. S. C. Tête de Rome à droite. ℞. M. SERGI SILVS Q. Guerrier au galop à droite portant une tête coupée (n. 1). 2 pièces. AR. T. B.

SERVILIA

460. CASCA LONGVS. Tête de Neptune à droite. ℞. BRVTVS IMP. Victoire debout, déchirant un diadème (n. 10). AR. F. D. C.

SESTIA

461. L. SESTI PRO. Q. Tête de la Liberté à droite. ℞. Q. CAEPIO BRVTVS PRO COS. Trépied entre une hache et le simpule (n. 1). AR. T. B.

SICINIA

462. FORT. PR. Tête de la Fortune à droite. ℞. Q. SICINIVS III. VIR. Palme, caducée et couronne (n. 1). AR. F. D. C

SULPICIA

463. S. C. Tête de Vesta à droite. ℞. P. GALB. AE. CVR. Simpule entre une hache et un couteau (n. 2). AR. T. B.

THORIA

464. I. S. M. R. Tête de Junon Sospita à droite. ℞. L. THORIVS BALBUS. Taureau courant à droite (n. 1). 2 variétés. Une pièce incuse. AR. T. B.

TITIA

465. Tête de Bacchus? avec diadème ailé à droite. ℞. Q. TITI. Pégase au galop sur une base à droite (n. 1). AR.

TITURIA

466. SABIN. Tête de Tatius Sabinus à droite, avec palme. ℞. L. TITVRI. Tarpeia entre deux soldats levant les mains au ciel (n. 6). AR. T. B.

TULLIA

467. ROMA. Tête de Rome à droite. ℞. M. TULLI. X. Victoire dans un quadrige au galop à droite (n. 1). AR. T. B.

URBINIA

468. Tête de Rome à droite. ℞. T. MANL. AP. CL. A. VR. Victoire dans un bige au galop à droite (n. 1). AR.

469. Même pièce, avec AP. CL. T. MANL. Q. VR. (n. 2). AR.

VALERIA

470. X. Buste de la Victoire à droite; devant, un caducée. ℞. C. VAL. FLAC. IMPERAT. Aigle entre deux enseignes (n. 4). AR. F. D. C.

VETTIA

471. SABINVS. Tête du roi Tatius à droite; devant TA et S. C. ℞. T. VETTIVS IVDEX. Tatius dans un bige au pas à gauche (n. 2). R[2] AR. T. B.

VETURIA

472. TI. VET. Buste de Mars à droite. ℞. ROMA. Deux soldats debout, posant une baguette sur une truie soutenue par un homme à genoux (n. 1). AR. B.

VIBIA

473. PANSA. Tête d'Apollon à droite. ℞. C. VIBIVS. C. F. Pallas dans un quadrige au galop à droite (n. 4). AR. T. B.

474. PANSA. Masque de Pan à droite. ℞. C. VIBIVS. C. F. C. N. IOVIS AXVR. Jupiter Axur assis à gauche (n. 13). 2 pièces. AR T. B.

475. Tête d'Hercule à droite. ℞. C. VIBIVS. VARVS. Pallas debout à droite (n. 17). AR. F. D. C.

476. Tête de Janus. ℞. ROMA C. VIBIVS. Trois proues de navires. M. B. As T. B.

VOLTEIA

477. Buste de Pallas à droite. ℞. Même légende. Cybèle dans un bige de lions à droite (n. 2). AR. T. B.
478. 3 pièces avec têtes incuses, familles Junia, Marcia et Vibia. AR. T. B.

EMPIRE ROMAIN

Les numéros cités sont toujours ceux de l'ouvrage de M. Cohen.

POMPÉE le Grand (60 à 48 avant J.-C.)

479. MAG PIVS IMP ITER. Tête de Pompée à droite. ℞. PRAEF. CLAS ET ORAE MARIT EX S C. Anapius et Amphinomus sauvant leurs parents (Cohn n° 12). R[2] AR. T. B.
480. MAGN. Double tête de Pompée, sous les traits de Janus. ℞. PIVS IMP. Proue de navire (n. 18). R[2] G. B.

JULES CÉSAR (60 à 44 avant J.-C.).

481. CAESAR DICT PERPETVO. Tête voilée de César à droite. ℞. P SEPVLIVS MACER. Vénus debout à gauche (n. 39). AR. T. B.
482. ℞. L AEMILIVS BVCA. Même type (n. 24). AR. F. D. C.
483. ℞. TI SEMPRONIVS GRACCVS. Aigle romaine, soc de charrue, etc. (n. 46). AR. F. D. C.
484. CAESAR DIC TER. Buste de la Victoire à droite. ℞. C. CLOVI PRAEF. Minerve allant à gauche. 2 pièces (n. 49). M. B. B.

C. CASSIUS LONGINUS (44-42 av. J.-C.)

485. C. CASSI LEIBERTAS. Tête diadémée de la Liberté à droite ℞. LENTVLVS SPINT. Vase de sacrifice et bâton d'augure (n. 3). AR. T. B.

LÉPIDE ET OCTAVE (42 av. J.-C.)

486. LEPIDVS PONT MAX III VIR. R. P. C. Tête de Lépide. ℟. C. CAESAR IMP. III VIR. R. P. C. Tête d'Octave à droite. (n. 2). AR. T. B.

MARC-ANTOINE III VIR (43 à 31 av. J.-C.)

487. ANTON IMP. Tête nue d'Antoine a droite. ℟. CAESAR IMP. Caducée ailé (n. 52). AR. T. B.

488. ANTON AVG. IMP. III COS. DES III. III. V. R. P. C. Tête nue d'Antoine à droite. ℟. ANTONIVS AVG. IMP. III. en deux lignes dans le champ (n. 51). ℟[1] AR. B.

489. Sans légende. Tête d'Antoine à droite. ℟. C VIBIVS VARVS. Femme debout à gauche tenant une Victoire (n. 55). AR. F. D. C.

490. Lot de deux pièces, légion XIII et XX, et une autre avec la tête du Soleil, 3 pièces. AR. T. B.

491. Légion VI restituée par Marc-Aurèle et Vérus. AR. T. B.

MARC-ANTOINE ET OCTAVE

492. M. ANT. IMP. AVG. III VIR R. P. C. M. BARBAT. Q. P. La tête nue d'Antoine à droite. ℟. CAESAR IMP. PONT. III VIR. R. P. C. Tête nue d'Octave à droite (n. 7). 4 pièces. AR. F. D. C.

FULVIE, FEMME D'ANTOINE (44 av. J.-C.)

493. III. VIR. R. P. C. Tête ailée de la Victoire à droite. ℟. ANTONI. IMP. Lion à droite; dans le champ : A. XLI. AR. Q. T. B.

MARC-ANTOINE ET CLÉOPATRE

494. ANTONI ARMENIA DEVICTA. Tête nue d'Antoine à droite. ℟. CLEOPATRAE REGINAE REGVM FILIORVM REGVM. Buste diadémé de Cléopâtre à droite (n. 1). B.

MARC-ANTOINE ET LUCIUS ANTOINE (41 av. J.-C.)

495. M. ANT. IMP. AVG. III VIR R. P. C. M. NERVA PRO Q. P. Tête nue d'Antoine à droite. ℞. L. ANTONIVS COS. Tête nue de Lucius Antoine à droite (n. 1). AR. F. D. C.

CAIUS OCTAVE III VIR (44 à 31 av. J.-C.)

496. C. CAESAR IMP. Tête nue d'Octave à droite. ℞. S. C. Statue équestre à gauche (n. 195). AR. T. B.

497. ℞. Q. SALVIVS IMP. COS. DESIG. Foudre (n. 380). AR. T. B.

498. ℞. COS ITER ET TER DESIG. Temple à quatre colonnes (n. 91). AR. T. B.

499. DIVI F. Buste d'Octave à droite. ℞. DIVOS IVLIOS dans une couronne (n. 265). GB. T. B.

OCTAVE, EMPEREUR ET AUGUSTE

(27 av. J.-C. et 14 de J.-C.)

500. Sans légende. Tête laurée d'Auguste à droite. ℞. AVGVSTVS. Capricorne sur un gouvernail à gauche (n. 53). OR. T. B.

501. AVGVSTVS DIVI F. Tête laurée d'Auguste à droite. ℞. TR. POT XXX. Victoire assise à droite sur un globe (n. 239). OR. Q. T. B.

502. ℞. AVGVSTVS. Capricorne à droite (n. 28). AR. Médaillon F. D. C.

503. ℞. AVGVSTVS. Autel orné de deux cerfs (n. 30). 2 pièces. AR. *id.* T. B. et F. D. C.

504. ℞. AVGVSTVS. Six épis en faisceau (n. 32). AR. *id.* T. B.

505. ℞. IMP CAESAR. Auguste dans un quadrige au pas à droite (n. 17). AR. F. D. C.

506. ℞. AVGVSTVS. Capricorne sur un globe à droite. 3 pièces (n. 52). AR. T. B. et F. D. C.

507. ℞. AVGVSTVS. Vache au repos à droite (n. 60). AR. T. B.

508. ℞. CAESAR DIVI F. Apollon assis sur rocher à droite (n. 70). AR. T. B.

509. ℞. DIVVS IVLIVS. Comète (n. 94). AR. T. B.

510. Même pièce. La tête d'Auguste à gauche (n. 93). AR.T.B.

511. ℞. IOV TON. Jupiter dans un temple à six colonnes (n. 160). AR. T. B.

512. ℞. MAR VLT. Temple de Mars ; au milieu une enseigne (n. 166). AR. F. D. C.

513. ℞. S. P. Q. R. Char au milieu d'un temple à 4 colonnes (n. 216). AR. T. B.

514. ℞. S. P. Q. R. CL. V. Sous un bouclier (n. 225). AR. F. D. C.

515. ℞. L AQVILIVS FLORVS III VIR. Fleur épanouie (n. 302). AR. T. B.

516. P. CARIS LEG. Victoire debout à droite, érigeant un trophée (n. 320). AR. Q. T. B.

517. ℞. L. MESCINIVS RVFVS III VIR. Guerrier debout sur un cippe (n. 346 var.). AR. T. B.

518. Lot de 13 monnaies d'argent tous les revers variés. AR. B. et T. B.

519. CAESAR AVGVST. PONT. MAX. TRIBVNIC. POT. Tête nue d'Auguste, à droite. ℞. CASSIVS CELER III. VIR. A.A.A.F.F. Dans le champ, S. C. (n. 417). M. B. T. B.

520. Même type pour les familles Gallia et Luria. 2 pièces. M. B. T. B.

521. ℞. CONSENSV SENAT. ET EQ ORDIN P. Q. R. Auguste assis à gauche (n. 263). M. B. B.

522. ℞. PONTIF. MAX. IMP. TRIBVN. POT. XXXIIII et S. C. (n. 271). M. B. T. B.

523. DIVVS AVGVSTVS PATER. Tête radiée à gauche. ℞. PROVIDENT S. C. Autel carré (n. 272). M. B. T. B.

524. ℞. S. C. Livie assise à gauche (n. 279). M. B. B.

525. ℞. S. C. Aigle éployé sur un globe, 2 pièces (n. 282). M. B. T. B.

526. ℞. AVGVSTVS. Aigle éployé de face (n. 261). P. B. T. B.

527. Sans légende. Tête laurée d'Auguste à droite au milieu d'une couronne. ℞. VIIII dans une couronne (n. 10). P. B. Tessère T. B.

AUGUSTE ET RHOEMETALCES

528. ΚΑΙΣΑΡΟΣ ΣΕΒΑΣΤΟΥ. Tête nue d'Auguste à droite. ℟. ΒΑΣΙΛΕΩΣ ΡΟΙΜΗΤΑΛΚΟΥ. Bustes du roi de Thrace et de la reine à droite. M. B. T. B.

LIVIE, FEMME D'AUGUSTE

529. S. P. Q. R. IVLIAE AVGVST en trois lignes. Carpentum traîné par deux mules à droite. ℟. TI CAESAR DIVI, etc. Dans le champ, S. C. (n. 4). G. B. B.

530. PIETAS. Tête de Livie sous les traits de la Piété voilée à droite. ℟. DRVSVS CAESAR TI AVGVSTI F. TR. POT ITER. Dans le champ, S. C. (n. 1). M. B. B.

531. IVSTITIA. Tête diadémée de Livie à droite, sous les traits de la Justice. ℟. TI CAESAR, etc. Dans le champ. S. C. 3 pièces (n. 2). M. B. B. et T. B.

532. SALVS AVGVSTA. Tête nue de Livie à droite sous les traits de la Santé. ℟. TI CAESAR, etc. dans le champ S. C. (n. 3). M. B. T. B.

533. Lot de deux moyens bronzes de Livie. PIETAS et IVSTITIA. Restitution de Titus. M. B. B.

MARCUS AGRIPPA, GENDRE D'AUGUSTE

(18 à 12 av. J.-C.)

534. M. AGRIPPA L. F. COS. III. Tête d'Agrippa à gauche avec la couronne rostrale. ℟. S. C. Neptune debout à gauche, tenant un dauphin et un trident. Trois pièces (n. 3). M. B. B. et T. B.

M. AGRIPPA ET AUGUSTE (18 av. J.-C.)

535. IMP. DIVI. F. Têtes adossées d'Auguste et d'Agrippa. ℟. COL NEM. Crocodile attaché à un palmier. Colonie de Nîmes, 2 pièces. M. B. B.

JULIE ? (femme d'Agrippa)

536. Sans légende. Buste de Julie sous les traits de Cérès à

droite. ℞. Légende phénicienne à droite. Buste de Pallas à gauche. Frappée à Oca en Syrtique. M. B. T. B.

TIBÈRE ET AUGUSTE

537. ΣΕΒΑΣΤΟΣ. Tête radiée d'Auguste à droite. ℞. ΤΙΒΕΡΙΟΣ ΚΑΙΣΑΡ. Tête laurée de Tibère à droite. Alexandrie. AR' T. B.

TIBÈRE (règne de l'an 14 à 37 de J.-C.)

538. TI DIVI AVGVSTVS. Sa tête laurée à droite. ℞. TR. POT. XX. Victoire assise à droite (n. 8). Quinaire. OR. T. B.

539. PONTIF MAXIM. Livie assise à gauche. 2 pièces (n. 2). AR. T. B.

540. ℞. TR. POT. XVII IMP. VII. Tibère dans un quadrige au pas à droite (n. 6). AR. B.

541. ℞. PONTIFEX TRIBUN POTESTATE XII. Dans le champ S. C. (n. 38). M. B. T. B.

542. TI CAESAR AVGUSTVS. Sa tête nue à gauche. ℞. Légende phénicienne. Buste d'Apollon à gauche, le tout dans une couronne. M. B. T. B.

543. Lot de quatre moyens et un petit bronze du même règne. B. et T. B.

544. Lot de deux grands bronzes. Tibère assis et le quadrige. B.

545. Sans légende. Buste de Tibère à droite, un sceptre sur l'épaule. ℞. V au milieu d'une couronne, P. B. Tessère inédite. T. B.

546. Deux pièces spintriennes d'un très beau style, avec VI et XI au revers. P. B. T. B.

DRUSUS CESAR, fils de Tibère (années 22 et 23).

547. DRVSVS CAESAR TI. AVG. F. DIVI. AVG. N. Tête nue de Drusus à gauche. ℞. PONTIF TRIBVN POTEST. ITER dans le champ S. C. (n. 2). 2 pièces. M. B. T. B.

TIBÈRE JEUNE ET SON FRÈRE (fils de Drusus).

548. Têtes de Tibère et de son jeune frère posées sur deux

cornes d'abondance; au milieu, un caducée. ℟. DRVSVS CAESAR TI. AVG. DIVI. AVG. N. PONT. TR. POT. II. dans le champ. S. C. (n. 1). 2 pièces. G. B. B.

NERON DRUSUS (frère de Tibère).

549. NERO, CLAVDIVS, DRVSVS, GERMANICVS IMP. Tête laurée de Drusus à gauche. ℟. TI. CLAVDIVS CAESAR. P. M. TR. P. IMP. S. C. L'Empereur assis sur une chaise curule. A ses pieds des armes (n. 7.) G. B. T. B.

ANTONIA

550. ANTONIA AVGVSTA. Sa tête laurée. ℟. SACERDOS DIVI AVGVSTI. Deux torches allumées (n. 3). AR. T. B.

551. Même tête nue. ℟. TI. CLAVDIVS. CAESAR. AVG. P. M. TR. P. IMP. S. C. Claude debout à gauche tenant le simpule (n. 6). M. B. T. B.

GERMANICUS CESAR (4 à 19 de J.-C).

552. GERMANICVS. CAESAR. TI. AVG. F. DIVI. AVG. N. Tête nue de Germanicus à gauche. ℟. C. CAESAR. AVG., etc. Dans le champ, S. C. (n. 2) 4 pièces. M. B. B. et T. B.

553. GERMANICVS CAESAR. Germanicus debout dans un quadrige à droite. ℟. SIGNIS. RECEPT. DEVICTIS. GERM. S. C. Germanicus debout, tenant un sceptre, la droite levée (n. 5). M. B. T. B.

AGRIPPINE MÈRE

554. AGRIPPINA. M. F. MAT. C. CAESAR AVGVSTI. Buste d'Agrippine à droite. ℟. S. P. Q. R. MEMORIAE AGRIPPINAE. Carpentum attelé de deux mules au pas à gauche (n. 1).
G. B. T. B.

NÉRON ET DRUSUS Césars.

555. NERO ET DRVSVS CAESARES. Neron et Drusus à cheval au galop, à droite. ℟. C. CAESAR. AVG. GERMANICVS. PON. M. TR. POT. Dans le champ, S. C. (n. 1). T. B. M. B.

CALIGULA (37 à 41).

556. C. CAESAR. AVG. PON. M. TR. POT. Tête laurée de Caligula à gauche. ℟. S. P. Q. R. P. P. OB. CIVES SERVATOS dans une couronne de chêne (n. 22). G. B. B.

557. C. CAESAR. DIVI. AVC. PRON. AVG. P. M. TR. POT. Tête laurée de Caligula à gauche. ℟. VESTA. Vesta assise à gauche (n. 27), 3 pièces. MB. B. et T. B.

558. C. CAESAR. AVG. GERMANICVS. P. M. TR. POT. PIETAS. La Piété, assise à gauche. ℟. DIVO. AVG. Caligula sacrifiant devant un temple à six colonnes (n. 18). G B.

559. C. CAESAR. DIVI. AVG. PRON. AVG. S. C. Bonnet de la liberté. ℟ COS. ITER. PON. M. TR. P. III P. P. Dans le champ, S. C. 2 pièces (n. 15). P. B. F. D. C.

CALIGULA ET AUGUSTE.

560. C. CAESAR AVG. PON. M. TR. POT. III. COS. IIII. Tête de Caligula à droite. ℟. DIVVS AVGVSTVS PATER PATRIAE. Tête radiée d'Auguste à droite (n. 6). AR. T. B.

CLAUDE I, 41 à 54.

561. TI CLAVDIVS CAESAR AVG P. M. TR. P. XI. IMP. P. P. Tête de Claude, à droite ℟. S. P. Q. R. P. P. OB. C. S. en trois lignes (n. 70). AR. T. B.

562. ℟. EX. S. C. Carpentum traîné par 4 chevaux (n. 27). AR. F. D. C.

563. ℟. SPES AVGVSTA S. C. L'Espérance allant à gauche (n. 88). 2 pièces. G. B. B.

564. ℟. EX. S. C. OB CIVES SERVATOS dans une couronne (n. 77), 2 pièces. G. B. B.

565. ℟. S. C. Pallas combattant à droite (n. 87). M. B. T. B.

566. Lot de 3 moyens et 3 petits bronzes variés. B. et T. B.

CLAUDE ET MESSALINE.

567. TI CLAVDIVS CÆS AVG GERMANICVS. Tête nue de Claude

à gauche. ℟. VALERIA MESSALINA CAPITONE CYTHERONTE II VIR. Buste de Messaline à droite (n. 1). P. B.

CLAUDE ET AGRIPPINE jeune.

568. TI CLAVD CAESAR AVG GERM. PM. TRIB. POT. P. P. Tête laurée de Claude à droite. ℟. AGRIPPINAE AVGVSTAE. Buste laurée d'Agrippine (n. 3). OR. T. B.
569. Même pièce (n. 4). AR. T. B.

NÉRON (empereur) 54 à 68.

570. NERO CAESAR. Tête laurée à droite. ℟. AVGVSTVS GERMANICVS. Néron radié debout (n. 6). AR. F. D. C.
571. ℟. VESTA. Temple de Vesta (n. 65). AR. T. B.
572. ℟. ANNONA AVGVSTI CERES. S. C. Cérès assise à gauche; devant elle, l'Abondance debout (n. 81). G. B. T. B.
573. ℟. AVGVSTI POR OST. S. C. Le port d'Ostie avec sept navires (n. 94). G. B. T. B.
574. ℟. DECVRSIO S. C. Néron galopant à droite suivi par un porte-étendard à cheval. Pièce splendide, d'un travail d'art magnifique et d'une conservation irréprochable (n. 122). Gravée. G. B. F. D. C.
575. ℟. PACE P. R. TERRA MARI Q. PARTA IANUM CLVSIT. S. C. Le temple de Janus fermé (n. 163). G. B. T. B.
576. ℟. ROMA. S. C. Rome Nicéphore assise à gauche (n. 227). G. B. T. B.
577. Variété de la même pièce sans l'égide du côté de la tête (n. 228). G. B. T. B.
578. Autre variété, la tête de Néron à gauche (sup. n. 42). G. B. T. B.
579. ℟. S.C. Grand arc de triomphe (n. 244). 2 pièces. G. B. T. B.
580. Lot de 2 grands bronzes, avec le temple de Janus. B. et T. B.
581. Lot de 11 moyens bronzes, tous variés.
582. Lot de six petits bronzes. *Id* B. et T. B.

INTERRÈGNE (an 68).

583. SALVS GENERIS HVMANI. Victoire sur un globe à gauche.

℟. S. P. Q. R. dans une couronne (n. 275). AR. T. B.

584. Lot de 10 petits bronzes ou tessères de cette même époque, tous variés. P. B. T. B. et F. D. C.

GALBA (an 68 et 69. Règne de 8 mois.)

585. IMP. SER. GALBA AVG. Tête nue de Galba à droite. ℟. S. P. Q. R. S. C. dans une couronne (n. 81). 2 pièces. AR. T. B.

586. ℟. PAX AVGVST. La Paix debout à gauche (n. 166). M. B. T. B.

587. ℟. S. C. Victoire passant à gauche tenant une palme et une couronne (n. 205 var.). G. B. B.

588. ℟. S. C. Trois enseignes militaires (n. 224). M. B. T. B.

589. Lot de trois moyens bronzes, tous variés. B.

OTHON (an 69). Règne : 3 mois.

590. IMP. M. OTHO CAESAR AVG. TR. P. Tête nue d'Othon à droite. ℟. SECVRITAS P. R. La Sécurité debout à gauche (n. 14). 2 pièces. AR. B. et T. B.

591. IMP. M. OTHO CAES. AVG. Tête laurée d'Othon à droite. ℟. S. C. dans une couronne, frappée à Antioche (n. 21 var.). G. B. T. B.

VITELLIUS (an 69). Règne : 3 mois.

592. A. VITELLIVS GERMAN IMP. TR. P. Tête laurée de Vitellius à droite. ℟. S. P. Q. R. OB. C. S. dans une couronne (n. 33). AR. T. B.

593. ℟. XV VIR SACR FAC. Dauphin sur un trépied (n. 46). AR. B.

594. ℟. LIBERTAS RESTITVTA. La Liberté, debout, à droite (n. 71). M. B. B.

VESPASIEN (règne de 69 à 79).

595. IMP. CAES VESPAS AVG. Sa tête laurée à droite. ℟. AVG. dans une couronne. Pièce frappée à Ephèse (n. 7). AR. B.

596. VICTORIA AVGVSTI. Victoire assise à gauche (n. 227).
AR. Q. T. B.

597. Lot de 13 pièces d'argent. B. T. B. et F. D. C.

598. Lot de 2 grands, 5 moyens et 2 petits bronzes.
B. et T. B.

VESPASIEN TITUS ET DOMITIEN

599. IMP CAESAR VESPASIANVS AVG TR. P. Tête laurée de Vespasien à droite. ℟. TITVS ET DOMITIAN CAESARES PRINC IVVEN. Titus et Domitien assis (n. 190). AR. B.

TITUS associé à l'empire (71 à 79).

600. TI CAES IMP VES P. P. TR. P. CENS. Sa tête laurée à droite. ℟. VICTORIA AVGVST. Victoire assise à gauche (n. 127). Quinaire. AR. F. D. C.

TITUS (Empereur) 79-81.

601. IMP TITVS CAES VESPASIANVS AVG. Sa tête laurée à droite. ℟. TR P VIIII IMP XIIII COS VII P. P. Quadrige à gauche (n. 78). AR. T. B.

602. ℟. PAX AVGVSTI. La Paix debout à gauche. (n. 205).
G. B. B.

603. Lot de cinq pièces d'argent. T. B. et F. D. C.

604. Lot d'un grand et deux moyens bronzes. B. et T. B.

JULIE (fille de Titus).

605. IVLIA AVG. IMP. T. F. AVGVSTA. Buste de Julie à droite. ℟. VESTA S. C. Vesta assise à gauche. 2 pièces (n. 16).
M. B. B. et T. B.

DOMITIEN, associé à l'Empire (78-81).

606. CAESAR DOMITIANVS. Sa tête laurée à droite. ℟. Aigle entre deux enseignes militaires (n. 8).
R4 AR. médaillon B.

DOMITIEN, Empereur (81 à 96).

607. DOMITIANVS AVGVSTVS. Tête laurée de Domitien à droite.

℞. GERMANICVS COS XIIII. La Germanie en pleurs assise à droite (n. 50). OR. F. D. C.

608. ℞. IMP XIIII COS XIIII CENS P. P. Victoire assise à gauche (sup. 25). AR. F. D. C.

609. ℞. Même légende. Victoire debout à droite (n. 174 var.). AR. Q. F. D. C.

610. ℞, IOVI VICTORI. S. C. Jupiter assis à gauche (n. 367). G. B. T. B.

611. Lot de 2 grands bronzes au même type. G. B. B.

612. ℞. COS XIIII LVD SAEC FEC. S. C. Domitien sacrifiant devant un temple (n. 309). M. B. T. B.

613. Lot de 9 pièces d'argent, revers variés. T. B. et F. D. C.

614. Lot de sept moyens bronzes, tous variés. B. et T. B.

615. Lot de sept petits bronzes variés. B. et T. B.

DOMITIA (femme de Domitien).

616 IMP. DOMIT. AVG. GERM. Buste de Domitia à gauche. ℞. S. C. Corbeille remplie d'épis (n. 13). 2 pièces. P. B. T. B.

617. ℞. S. C. Gerbe de quatre épis et trois pavots (n. 15). P. B. T. B.

NERVA (96 à 98).

618. IMP. NERVA, CAES. AVG GERM P. M. TR. P. II. Tête laurée de Nerva à droite. ℞. IMP. II. COS. IIII. P. P. Victoire allant à droite tenant une couronne et une palme (n. 42). AR. Q. F. D. C.

619. ℞. FORTVNA P. R. S. C. La Fortune assise à gauche (n. 98). G. B. B.

620. Lot de sept pièces d'argent variées. T. B. et F. D. C.

621. Lot de un moyen et deux petits bronzes. B. et T. B.

TRAJAN (98 à 117).

622. IMP. TRAIANO AVG. GER. DAC. P. M. TR. P. Buste de Trajan à droite. ℞. COS. V. P. P. S. P. Q. R. OPTIMO PRINC. Cérès debout à gauche (n. 24). OR. F. D. C.

623. ℞. COS. V. P. P. S. P. Q. R. OPTIMO PRINC. Victoire allant à droite (n. 37). AR. Q. F. D. C.

624. Lot de trois quinaires d'argent au même type. T. B.

625. Lot de trois quinaires d'argent avec la Victoire assise, une pièce avec la tête d'Ammon, légende grecque. T. B. et F. D. C.

626. Lot de 35 pièces d'argent. T. B. et F. D. C.

627. ℞. IMP. IIII. COS. IIII. DES. V. P. P. S. C. La Justice assise à gauche (n. 352). G. B. T. B.

628. ℞. S. R. Q. R. OPTIMO PRINCIPI. S. C. La Santé assise à gauche (n. 460). G. B. T. B.

629. ℞. S. P. Q. R. OPTIMO PRINCIPI S. C. Cuirasse (n. 503). M. B. F. D. C.

630. ℞. Même légende. Trois enseignes militaires. 3 pièces (n. 507). M. B. T. B.

631. ℞. Même légende, au milieu d'une couronne (n. 509). M. B. F. D. C.

632. Lot de 6 grands bronzes revers variés. B. et T. B.

633. Lot de 12 moyens bronzes id. B. et T. B.

634. Lot de 8 petits bronzes id. B. et T. B.

TRAJAN ET TRAJAN PÈRE.

35. IMP. TRAIANVS AVG. GER. DAC. P. M. TR. P. COS. VI P. P. Buste lauré de Trajan à droite. ℞. DIVVS PATER TRAIAN. Trajan père assis à gauche (n. 88). AR. F. D. C.

HADRIEN (117 à 138).

636. HADRIANVS AVGVSTVS. Buste lauré d'Adrien à droite. ℞. COS. III. L'Empereur à cheval levant la droite (n. 176). OR. F. D. C.

637. ℞. ADVENTVS AVG. Hadrien et un soldat debout (n. 64). AR. F. D. C.

638. ℞. AEGYPTOS. L'Egypte couchée à droite. 2 pièces (n. 70 et 73). AR. F. D. C.

639. ℞. ITALIA. L'Italie debout à gauche (n. 286). AR. F. D. C.

640. ℞. RESTITVTORI GALLIAE. Hadrien debout relevant la

Gaule prosternée (n. 449). AR. F. D. C.

641. ℞. RESTITVTORI HISPANIAE. Même type (n. 455). AR. F. D. C.

642. Lot de trois quinaires, revers variés. AR. T. B. et F. D. C.

643. Lot de 17 pièces, modules ordinaires, id. id. AR. T. B. et F. D. C.

644. ℞. CONCORDIA DAC PARTHICO, P. M. TR. P. COS. P. P. S. C. La Concorde assise à gauche (n. 698). G. B. T. B.

645. ℞. COS. III. S. C. Rome Nicephore assise à gauche (n. 718). G. B. F. D. C.

646. ℞. COS. III. S. C. L'Equité debout à gauche (n. 725). G. B. T. B.

647. ℞. MONETA AVGVSTI S. C. Même type (n. 974). G. B. T. B.

648. ℞. COS. III. S. C. La Concorde assise à gauche (n. 727). M. B. F. D. C.

649. ℞. COS. III. S. C. Galère avec six rameurs (n. 750). M. B. T. B.

650. ℞. COS. III. P. P. IVSTITIA AVG. S. C. La Justice assise à gauche (n. 769). M. B. T. B.

651. ℞. FELICITATI AVG. COS. III. P. P. C. Vaisseau allant à droite (n. 861). M. B. F. D. C.

652. ℞. SALVS AVGVSTI COS. III. S. C. La Santé debout à gauche (n. 1108). M. B. T. B.

653. Lot de deux grands, quatre moyens et deux petits bronzes, 8 pièces, B. et T. B.

SABINE (femme d'Hadrien).

654. SABINA AVGVSTA. Buste diadémé de Sabine à droite. ℞. IVNONI AVGVSTAE. Junon debout à gauche (n. 18). AR. T. B.

655. ℞. PVDICITIA. La Pudeur debout à gauche (n. 22). AR. F. D. C.

656. ℞. VENERI VICTRICI. Vénus debout à droite. 2 pièces (n. 24). AR. F. D. C.

657. ℞. PIETAS AVG. La Piété debout à droite (n. 58), G. B. T. B.

658 ℟. S. C. Vesta assise à gauche (n. 71). M. B. T. B.
659. Lot de 2 pièces. M. B. B.

ÆLIUS (César) (136 à 138).

660. L. AELIVS CAESAR. Tête nue d'Aelius à droite. ℟. TRIB. POT. COS. II. CONCORD. La Concorde assise à gauche (n. 7). 2 pièces. AR. T. B.
661, ℟, Même légende et même type avec S. C. (n. 29). G. B. T. B.
662. ℟. Même légende. Cérès assise à droite ; en face d'elle, Aelius debout (n. 52) coulée ? G. B.
663. ℟. TR. POT. COST. II. S. C. L'Espérance allant à gauche (n. 57). G. B. T. B.
664. Même pièce (n. 58). MB. F. D. C.

ANTONIN (138 à 161)

665. ANTONINVS AVG. PIVS P. P. TR. P. XII. Son buste, la tête nue à droite. ℟. COS. IIII. L'Equité debout à gauche (n. 78). OR. F. D. C.
666. ℟. LAETITIA COS. IIII. Céres et Proserpine debout (n. 172). OR. F. D. C.
667. ℟. VOTA SVSCEPTA DEC III COS. IIII. Antonin debout à gauche sacrifiant (n. 359). OR. F. D. C.
668. ℟. TR. POT. COS. IIII. Hercule assis de face sur un rocher (n. 297). AR. Q. F. D. C.
669. Lot de 12 pièces d'argent. revers variés. T. B. et F. D. C.
670. ℟, CONCORDIA EXERCITVVM S. C. La concorde militaire debout à gauche (n. 504. G. B. T. B.
671. ℟. DIVO PIO. S. C. Autel carré (n. 560). G. B. T. B.
672. ℟. IMPERATOR ℟. Victoire allant à droite, portant un trophée (n. 619). G. B. T. B.
673. ℟. COS. IIII. S. C. Antonin dans un quadrige à gauche (n. 561). G. B. T. B.
674. ℟. TIBERIS S. C. Le Tibre couché à gauche (n. 850). G. B. T. B.
675. ℟. TR. POT. COS II. S. C. La Foi debout à droite (n. 861). G. B. T. B.

676. Lot de 4 grands bronzes revers variés. B. et T. B.

677. ℟. TR. POT. COS. II. P. P. S. C. Génie debout sacrifiant à gauche (n. 609). M. B. T. B.

678. ℟. TIBERIS TR. POT. COS. III S. C. Le Tibre couché à gauche (n. 804). M. B. B.

679. ℟. VOTA SVSCEPTA DEC IIII COS IIII S. C. Antonin debout à gauche sacrifiant sur un trépied (sup. n. 124). M. B. T. B.

680. Lot de cinq moyens bronzes. B. et T. B.

681. ℟. COS III S. C. Aigle entre une chouette et un paon (n. 527). P. B. F. D. C.

ANTONIN ET MARC-AURÈLE (César)

682. ANTONINVS AVG. PIVS P. P. TR. P. COS. III. Tête laurée d'Antonin à droite. ℟. AVRELIVS CAESAR AVG. PII. F. COS. Tête nue de Marc-Aurèle à droite (n. 12). AR. B.

683. Même pièce (n. 25). G. B. T. B.

FAUSTINE MÈRE (femme d'Antonin).

684. DIVA FAVSTINA. Buste de Faustine à droite. ℟. AETERNITAS. L'Eternité ? voilée debout tenant une patère et un gouvernail (n. 2). Pièce d'un très beau style. OR. F. D. C.

685. ℟. AVGVSTA. Cérès à gauche tenant une torche (n. 33). OR. F. D. C.

686. Lot de deux pièces d'argent. T. B.

687. ℟. AETERNITAS. S. C. L'Eternité assise à gauche (n. 144). G. B. T. B.

688. ℟. Même pièce, le buste voilé (n. 158). M. B. T. B.

689. ℟. IVNO S. C. Junon debout à gauche tenant une patère (n. 236). G. B. T. B.

690. ℟. IVNONI REGINAE. Même type (n. 239). M. B. T. B.

691. ℟. PIET. AVG. S. C. Autel carré et allumé (n. 260). M. B. T. B.

692. ℟. S. C. Croissant et sept étoiles (n. 275). M. B. T. B.

693. Lot de 3 grands et 3 moyens bronzes, plusieurs rares. B. et T. B.

MARC-AURÈLE, César (139 à 161).

694. AVRELIVS CAESAR. PII. F. COS. Tête de Marc-Aurèle jeune à droite. ℞. TR. POT. VII. COS II. La Valeur debout à droite tenant le parazonium et la Victoire (n. 225). OR. T. B.

695. ℞. COS. II. La Paix debout à gauche (n. 40). 2 pièces. AR. F. D. C.

696. ℞. PIETAS AVG. S. C. Instruments de sacrifice, 2 pièces (n. 587 et 591). M. B. T. B.

MARC-AURÈLE, Empereur (161 à 180).

697. M. ANTONINVS AVG. TR. P. XXIIII. Buste lauré de Marc-Aurèle à droite. ℞. FELICITAS AVG. COS III. La Félicité debout à gauche (n. 73). OR. F. D. C.

698. ℞. TR. P. XXIIII. COS. III. Mars portant une haste et un trophée, allant à droite (n. 303). OR. Q. F. D. C.

699. Lot de 12 pièces d'argent, revers variés. T. B. et F. D. C.

700. M. ANTONINVS AVG. ARM. PARTH. MAX. TR. P. XXIII. Buste lauré de Marc-Aurèle à gauche. ℞. COS. III. Victoire debout de face, regardant à droite, appuyée contre une colonne et tenant une couronne et une palme. Superbe pièce avec une patine verte (n. 362). Gravé. BR. Médaillon mod. 12. F. D. C.

701. ℞. CONCORDIA AVGVSTOR. TR. P. XVI COS III. S. C. Marc-Aurèle et Vérus debout (n. 421). G. B. T. B.

702. ℞. IMP. VII. COS. III. S. C Cérès debout à gauche mettant des épis dans le modius (n. 543). G. B. T. B.

703. ℞. SALVTI AVGVSTOR. TR. P. XVII COS. III. S. C. La Santé debout à gauche nourrissant un serpent sur un autel (n. 628). G. B. T. B.

704. ℞. TR. POT. XIX. IMP. II. COS. III. S. C. Mars debout à droite (n. 717). G. B. T. B.

705. ℞. TR. POT. XX. IMP. IIII. COS. III. S. C. Victoire debout à droite tenant un bouclier sur lequel on lit VIC PAR (n. 728). G. B. F. D. C.

706. ℞. TR. POT. XXIII. IMP. V. COS. III. S. C. L'Equité assise à gauche (n. 739). G. B. T. B.

707. ℞. VOTA SOL. DECENN. COS. III. S. C. L'Empereur debout à gauche sacrifiant sur un trépied (n. 814). G. B. T. B.

708. Lot de six grands bronzes, revers variés B. et T. B.

709. ℞. CONCORD., etc. Type du n. 701 (n. 422). M. B. F. D.C.

710. ℞. IMP. VII. COS. III. S. C. Cérès du n. 702 (n. 544). M. B. F. D. C.

711. Lot de 10 moyens et un petit bronze, 11 pièces. B. et T. B.

FAUSTINE JEUNE, FEMME DE MARC-AURÈLE (César)

712. FAVSTINA AVG ANTONINI PII. FIL. Buste de Faustine. ℞. CONCORDIA. Colombe debout à droite (n. 21). OR. F. D. C.

713. ℞. VENVS. Vénus debout à gauche tenant une pomme et un gouvernail (n. 90). AR. F. D. C.

714. ℞. PVDICITIA S. C. La Pudeur assise à gauche, belle patine (n. 201). M. B. B.

FAUSTINE JEUNE (Impératrice)

715. FAVSTINA AVGVSTA. Buste de Faustine à droite. ℞. HILARITAS. L'Allégresse debout à gauche (n. 40). OR. F. D. C.

716. ℞. MATRI MAGNAE. Cybèle assise à gauche (n. 63). AR. T. B.

717. Lot de 10 pièces d'argent, revers variés. T. B. et F. D. C.

718. ℞. AETERNITAS S. C. L'Éternité debout à gauche (n. 118). G. B. T. B.

719. ℞. CONSECRATIO S. C. Paon enlevant Faustine au Ciel (n. 147). G. B. T. B.

720. ℞. FECVND AVGVSTAE S. C. La Fécondité debout à gauche avec quatre enfants (n. 162). M. B. B.

721. ℞. FECVNDITAS S. C. La Fécondité debout à gauche (n. 164). G. B. T. B.

722. ℞. IVNONI LVCINAE S. C. Junon debout à gauche à ses pieds deux enfants (n. 181). G. B. T. B.

723. ℟. IVNONI REGINAE S. C. Junon debout à gauche, à ses pieds un paon (n. 184). G. B. T. B.

724. ℟. SIDERIBVS RECEPTA S. C. Diane debout à gauche (n. 216). G. B. T. B.

725. ℟. VENERI VICTRICI S. C. Mars et Vénus debout (n. 226). M. B. B.

726. Lot de 4 grands et 2 moyens bronzes, revers variés, plusieurs rares.

ANNIUS VÉRUS? (fils de Marc-Aurèle).

727. Tête d'Annius Vérus? enfant couronné de pampres. ℟. S. C. dans une couronne. P. B. T. B.

728. Même pièce; la tête voilée couronnée de roseaux. P. B. F. D. C.

LUCIUS VÉRUS (161 à 169).

729. L. VERVS AVG. ARM. PART. MAX. Buste lauré de Vérus à droite. ℟. TR. P. VI. IMP. III. COS. II. Victoire debout à droite tenant un bouclier sur lequel on lit VIC PAR (n. 69). OR. F. D. C.

730. ℟. CONSECRATIO. Bûcher à quatre étages (n. 16). AR. F. D. C.

731. Lot de 4 pièces d'argent. T. B. et F. D. C.

732. ℟. CONSECRATIO S. C. Aigle éployé sur un globe (n. 127). G. B. F. D. C.

733. ℟. FORT RED. TR. POT. III. COS. II. S. C. La Fortune assise à gauche (n. 145). M. B. T. B.

734. Lot de trois grands et un moyen bronze. B. et T. B.

LUCILLE (femme de L. Vérus).

735. LVCILLAE AVG ANTONINI AVG. Buste de Lucille à droite. ℟. VOTA PVBLICA, dans une couronne (n. 31). OR. F. D. C.

736. Même pièce (n. 32). AR. T. B.

737. La même; la légende autour de la couronne (n. 33). AR. B.

738. ℟. HILARITAS. S. C. La Joie debout à gauche. 2 pièces (n. 55). G. B. T. B.

739. ℟. PIETAS. S. C. La Piété debout à gauche sacrifiant sur un autel (n. 71). G. B. T. B.

740. ℟. VENVS VICTRIX. Vénus debout à gauche appuyée sur son bouclier (n. 91). P. B. T. B.

741. Lot de 6 pièces d'argent. T. B. et F. D. C.

742. Lot de 1 grand et 2 moyens bronzes. B. et T. B.

COMMODE, associé à l'Empire (175 à 180).

743. L AVREL COMMODVS CAES AVG. FIL GERM. Son buste jeune à droite. ℟. LIBERALITAS AVG. S. C. Commode sur une estrade avec deux autres figures (n. 594). M. B. T. B.

744. ℟. PIETAS AVG. S. C. Vases pontificaux (n. 636). M. B. T. B.

745. Λ. AVP KOMOΔOC KAICAP CEBYCE. Même buste. ℟. KYΣIKHNΩN NOKOPΩN. Commode debout à gauche appuyé sur la haste. Gravée. G. B. T. B.

COMMODE EMPEREUR 180 à 192.

746. M. COMMODVS ANTONINVS AVG. PIVS. Buste lauré et cuirassé à droite. ℟. P. M. TR. P. VIIII. IMP. VI COS. IIII. P. P. Jupiter Nicéphore assis à gauche (n. 133). OR. F. D. C.

747. ℟. TR. POT. II. COS. P. P. L'Espérance allant à gauche (n. 240). Gravée. OR. Q. F. D. C.

748. ℟. P. M. TR. P. XII. IMP. VIII. COS. V. P. P. Mars allant à droite portant une trophée (n. 176). AR. Q. T. B.

749. Lot de neuf pièces d'argent. T. B. et F. D. C.

750. L. AELIVS COMMODVS AVG. PIVS FELIX. Buste de Commode à droite, la tête et les épaules couvertes de la peau de lion. ℟. HERCVLI ROMANO AVG. P. M. TR. P. XVIII. COS. VII. P. P. Hercule debout à droite portant la droite sur la hanche et tenant de la gauche un arc posé sur un rocher (n. 360). BR. Médaillon mod. 11. Gravé. T. B.

751. ℟. TR. P. VIII. IMP. VI. COS. IIII. P. P. S. C. Pallas combattant à droite (n. 804). G. B. T. B.

752. ℟. VOTA SOLV. PRO. SAL. P. R. COS. VI. P. P. S. C. Commode debout sacrifiant à gauche, devant lui trois

figures debout et un victimaire assommant un taureau (n. 858). Belle patine verte. G. B. F. D. C.

753. ℞. APOL. PALAT P. M. TR. P. XVI. COS. VI. S. C. Apollon debout de face jouant de la lyre (n. 463). M. B. T. B.

754. ℞. HERCVL. ROMAN. AVGV. S. C. Massue ; le tout dans une couronne (n. 538). M. B. T. B.

755. Lot de trois grands bronzes. B. et T. B.

756. Lot de six moyens bronzes. B. et T. B.

CRISPINE (femme de Commode).

757. CRISPINA AVGVSTA. Buste de Crispine à droite. ℞. CONCORDIA. Deux mains jointes (n. 4). AR. T. B.

758. Lot de 3 pièces d'argent. T. B.

759. Lot de 2 moyens bronzes. B.

PERTINAX, an 193 (règne 2 mois).

760 IMP. CAES. P. HELV PERTIN. AVG. Sa tête laurée à droite. ℞. LAETITIA TEMPOR COS. II. La Joie debout à gauche. (n. 10). AR. T. B.

DIDE JULIEN, an 193. (Règne 2 mois).

761. IMP. CAES. M. DID. IVLIAN. AVG. Sa tête laurée à droite. ℞. P. M. TR. P. COS. La Fortune debout à gauche (n. 12). M. B. T. B.

DIDIA CLARA (fille de Dide Julien).

762. DIDIA CLARA AVG. Buste de Didia Clara à droite. ℞. HILAR TEMPOR. S. C. L'Allégresse debout à gauche (n. 3). G. B. T. B.

PESCENNIUS NIGER, an 193 (règne un an).

763. AVT. K. Γ. ΠΕΣΚ. ΝΙΓΡΟΣ. ΙΟΥΣΤΟΣ ΣΕΒ. Tête laurée de Niger à droite. ℞. ΚΑΙΣΑΡΕΙΑΣ ΓΕΡΜΑΝΙΚΗΣ. Esculape debout à gauche. Gravée. M. B. F. D. C.

ALBIN, César (193 à 196).

764. D. CLODIVS. SEPTIMIVS ALBINVS. CAES. Sa tête nue à droite. ℞. FORTVNAE REDVCI COS. III. La Fortune assise

à gauche ; le seul très bel exemplaire connu de cette belle rare pièce (n. 53). Gravée. BR. Médaillon mod. 12. F. D. C.

765. ℟. ROMAE AETERNAE. Rome Nicéphore assise à gauche (n. 34). AR. T. B.

766. ℟. FELICITAS COS. II. S. C. La Félicité debout à gauche (n. 59). G. B. B.

ALBIN Empereur (règne en Gaule), (an 196).

767. IMP. CAES D. CLO SEPT ALBIN AVG. Sa tête laurée à droite. ℟. FIDES LEGION COS II. Deux mains tenant une enseigne (n. 13). 2 pièces. AR. F. D. C.

768. ℟. AEQVITAS AVG. COS. II. L'Équité debout à gauche (n. 1). AR. F. D. C.

SEPTIME SÉVÈRE (193-211).

769. SEVERVS PIVS AVG. Tête laurée de Sévère à droite. ℟. PACATOR ORBIS. Buste du Soleil à droite (n. 227). Gravée. OR. F. D. C.

770. ℟. PONTIF. TR. P. XI COS. III. Victoire allant à gauche (n. 340). AR. Q. T. B.

771. Lot de 29 pièces, revers variés. AR. F. D. C. et T. B.

772. L. SEPTIMVS SEVERVS PERTINAX AVG. IMP. IIII. Buste lauré et cuirassé de Sévère à droite. ℟. VICT. AVG. P. M. TR. P. III. COS. II. P. P. Victoire passant à droite, tenant une couronne et une palme. Pièce aussi belle que le n. 764 (n. 474). BR médaillon mod. 11. Gravé. F. D. C.

773. ℟. DIVI. M. PII. F. P. M. TR. P. III COS II P. P. S. C. Sévère couronné par Rome debout, avec la contre-marque de Modène (n. 508). G. B. B.

774. ℟. MONET. AVG. COS II. P. P. S. C. Les trois Monnaies debout à gauche (n. 533). G. B. T. B.

775. ℟. ΚΟΡΚΥΡΑΙΩΝ. Vaisseau à la voile avec ses rameurs allant à droite. M. B. F. D. C.

776 Lot de deux moyens bronzes. B.

JULIA DOMNA (femme de Sévère).

777. IVLIA. AVGVSTA. Buste de Julie à droite. ℟. HILARITAS,

la Joie debout à gauche (n. 38). 2 pièces. AR. F. D. C.

778. ℟. MATER DEVM. Cybèle assise à gauche (n. 64). AR. T. B.

779. ℟. VENVS GENETRIX. Vénus assise à gauche (n. 110). AR. grand module. T. B.

780. Lot de 19 pièces d'argent. T. B. et F. D. C.

781. ℟. IVNONEM. S. C. Junon debout à gauche, 2 pièces (n. 158). G. B. B.

782. ℟. VENVS GENETRIX. S. C. Vénus assise à gauche. 2 pièces (n. 196). M. B. B. et T. B.

CARACALLA (associé à l'Empire). 198 à 211.

783. ANTONINVS PIVS AVG. Buste lauré à droite. ℟. RECTOR ORBIS. Caracalla debout à gauche (n. 305). AR. F. D. C.

784. ℟. VOTA SVC. DEC. PON. TR. P. V. COS. Caracalla debout à gauche sacrifiant (n. 376). AR. F. D. C.

785. PONTIF. TR. P. III. Caracalla debout de face tenant un globe (n. 495). MB. T. B.

CARACALLA, Empereur, 211 à 217.

786. ANTONINVS. PIVS. AVG. Son buste lauré à droite. ℟. RESTITVTOR VRBIS. Rome assise à gauche tenant le Palladium (n. 307). Gravée. OR. F. D. C.

787. ℟. COS. IIII. P. P. Victoire allant à gauche (n. 27). AR. Q. F. D. C.

788. ℟. P. M. TR. P. XX. COS. IIII. P. P. Jupiter debout à gauche (n. 220). AR. F. D. C.

789. ℟. PROFECTIO AVGG. Caracalla et Géta debout à droite (n. 294). AR. B.

790. Lot de 30 pièces d'argent. T. B. et F. D. C.

791. ℟. P. M. TR. P. XVI. COS. IIII. P. P. S. C. Mars debout à droite (n. 431). G. B. B.

792 ℟. PROVIDENTIAE DEORVM S. C. La Providence debout à gauche (n. 543). G. B. T. B.

793. ℟. SAECVRITAS PERPETVAE. S. C. La Sécurité assise à gauche (n. 557). G. B. B.

794. ℟. VICTORIAE BRIT. P. M. TR. P. XIIII COS. III. P. P. S. C.

Victoire érigeant un trophée; vis-à-vis, la Bretagne tourelée debout (n. 579). G. B. T. B.

795. ℞. P. M. TRP. XVIIII. COS. IIII. P. P. S. C. Jupiter assis à gauche (n. 477). M. B. T. B.

796. ℞. ΔΕΜΑΡΧ ΕΞ ΥΠΑΤΟϹ Γ. Aigle éployé de face, pièce frappée à Antioche. AR. F. D. C.

797. Lot de 3 moyens bronzes. B. et T. B.

PLAUTILLE (femme de Caracalla).

798. PLAVTILLA AVGVSTA. Buste de Plautille à droite. ℞. CONCONDIAE AETERNAE. Caracalla et Plautille debout, se donnant la main (n. 8). AR. T. B.

799. ℞. PIETAS, AVGG. La Piété debout à droite, tenant un sceptre (n. 13). AR. F. D. C.

800. Lot de trois pièces d'argent. T. B. et F. D. C.

GÉTA César, 198 à 209.

801. P. SEPT GETA. CAES. PONT. Buste nu de Géta à droite. ℞. SECVRIT IMPERII. La Sécurité assise à gauche. 4 pièces (n. 85). AR. T. B. et F. D. C.

802. Lot de sept pièces argent. T. B. et F. D. C.

GÉTA (empereur), an 211 (règne 13 mois)

803. P. SEPT GETA PIVS AVG. BRIT. Sa tête laurée, à droite. ℞. FORT RED TRP III COS II P. P. S. C. La Fortune assise à gauche (n. 138). G. B. T. B.

804. Lot de 2 pièces d'argent variées. T. B. et F. D. C.

MACRIN, an 217 (règne 14 mois).

805. IMP. C. M. OPEL. SEV. MACRINVS. AVG. Son buste lauré à droite. ℞. IOVI CONSERVATORI. Jupiter debout à droite (n. 18). AR. F. D. C.

806. ℞. P M. TR. P. II. COS. P. P. L'Abondance debout à droite (n. 24). AR. F. D. C.

807. ℞. PONTIF. MAX. TR. P. COS. P. P. S. C. Femme debout entre 2 enseignes. 2 pièces (n. 30). AR. F. D. C.

808. ℞. AEQVITAS AVG. S. C. L'Équité debout à gauche (n. 69). G. B. T. B.

809. ℟. IOVI CONSERVATORI. S. C. Jupiter debout à gauche (n. 80). G. B. T. B.

810. ℟. PONTIF. MAX. TR. P. II. COS. II. P.P. S. C. Jupiter debout à gauche (n. 106). M. B. T. B.

811. ℟. Même légende. Macrin dans un quadrige au pas, à gauche (n. 112). M. B. T. B.

DIADUMÉNIEN CÉSAR, an 217 (14 mois).

812. M. OPEL. ANT. DIADVMENIAN CAES. Buste la tête nue. ℟. PRIN IVVENTVTIS. Diaduménien, debout au milieu de trois enseignes (n. 3). 2 pièces. AR. T. B. et F. D. C.

813. ℟. SPES PVBLICA. L'Espérance allant à gauche (n. 12). AR. T. B.

814. ℟. PRINC. IVVENTVTIS. Même type (n. 15). M. B. B.

815. ℟. IEPAC BYBΛOY. Astarté dans son temple. M. B. T. B.

ELAGABALE (218 à 222).

816. IMP. ANTONINVS PIVS AVG. Son buste lauré à droite. ℟. LIBERTAS AVG. La Liberté debout à gauche (n. 57). AR. Q. T. B.

817. ℟. SACERD. DEI. SOLIS ELAGAB. Élagabale sacrifiant à droite. (n. 116). AR. T. B.

818. ℟. SALVS ANTONINI AVG. La Santé debout à droite (n. 120). AR. F. D. C.

819. Lot de 19 pièces d'argent grands et petits modules. T. B. et F. D. C.

820. P. M. TR. P. III. COS. III. P. P. S. C. Le Soleil passant à gauche (n. 188). G. B. T. B.

821. ℟. PONTIF MAX TR. P. II COS. II. P. P. Rome Nicéphore assise à gauche (n. 214). G. B. T. B.

822. ℟. SALVS ANTONINI AVG. S. C. La Santé debout à droite (n. 225). M. B. T. B.

JULIA PAULA (1re femme d'Élagabale).

823. IVLIA PAVLA AVG. Son buste à droite. ℟. CONCORDIA. La Concorde assise à gauche (n. 2). 2 pièces. AR. B. et F. D. C.

824. Même légende. Élagabale et Paula debout se donnant la main (n. 3). AR. T. B.

825. ℟ VENVS GENETRIX. Vénus assise à gauche (n. 9). AR. F. D. C.

AQUILIA SÉVERA (2e femme d'Elagabale).

826. IVLIA AQVILIA SEVERA AVG. Buste d'Aquilia à droite. ℟. CONCORDIA. La Concorde debout à gauche (n. 1). AR. T. B.

827. Même médaille, avec S. C. (n. 7). M. T. B.

JULIA SOAEMIAS (mère d'Elagabale).

828 IVLIA SOAEMIAS AVG. Son buste à droite. ℟. VENVS CAELESTIS. Vénus assise à gauche (n. 8). Plus 2 autres pièces. AR. T. B.

JULIA MAESA (aïeule d'Elagabale).

829. IVLIA MAESA AVG. Son buste sur un croissant à droite. ℟. PIETAS AVG. La Piété debout sacrifiant à gauche (n. 13). AR. T. B.

830. ℟. SAECVLI FELICITAS. La Félicité debout à gauche (n. 18). AR. Q. B.

831. Lot de neuf pièces argent. T. B. et F. D. C.

832. ℟. PIETAS AVG. S. C. La Piété debout à gauche (n. 29). G. B. B.

833. ℟. SAECVLI FELICITAS S. C. La Félicité debout à gauche sacrifiant (n. 37). G. B. T. B.

834. Même pièce, le buste diadémé (sup. 6). G. B. T. B.

SEVÈRE ALEXANDRE (César) 221-222.

835. M. AVR ALEXANDER CAES. Buste jeune, la tête nue, à droite. INDVLGENTIA AVG. Espérance debout à gauche (n. 33). AR. B.

SÉVERE ALEXANDRE, empereur (222-235).

836. IMP. C. M. AVR. SEV. ALEXANDER PIVS AVG. Son buste

laurée à droite. ℞. MARS VLTOR. Mars passant à droite (n. 66). AR. F. D. C.

837. Lot de 36 pièces. AR. T. B. et F. D. C.

838. IMP. CAES. M. AVREL ALEXANDER PIVS FELIX AVG. Buste lauré et drapé de Sévère à droite. ℞. PERPETVITAS IMP. AVG. Jupiter assis à gauche, soutenant un globe avec l'empereur debout placé devant lui ; au second plan, deux figures armées debout (n. 231). (Buste au lieu de tête). Gravé. BR. Médaillon mod. 12, sans patine. F. D. C.

839. AVT. K. M. AVP. CE. ΑΛΕΞΑΝΔΡΟC C.. CEB. Buste lauré et drapé à droite. ℞. ΕΠΙCΤΡ ΑΜ. ΠΟΛΛΙΑΝΟΥ ΘΥΑΤΕΙΡΗΝΩΝ. Jupiter assis à gauche. BR. Médaillon mod. 13. B.

840. PROVIDENTIA AVG. S. C. La Providence debout à gauche (n. 428). G. B. T. B.

841. VICTORIA AVGVSTI S. C. Victoire debout à droite inscrivant VOT. X. sur un bouclier (n. 453). G. B. T. B.

842. Lot de cinq grands bronzes. B. et T. B.

843. ℞. P. M. TR. P. X. COS III P. P. S. C. Le Soleil debout à gauche (n. 381). M. B. T. B.

844. Même pièce avec P. M. TR. P. XXIII COS III P. P. (n. 400). M. B. F. D. C.

845. Lot de sept moyens bronzes. B. et T. B.

ORBIANE (femme de Sévère Alexandre).

846. SAL. BARBIA ORBIANA AVG. Son buste diadèmé à droite. ℞. CONCORDIA AVGG. La Concorde assise à gauche (n. 1). AR. T. B.

847. ℞. CONCORDIA AVGVSTORVM S. C. Même type. 2 pièces (n. 10). G. B. B. et T. B.

848. Même pièce (n. 11). M. B. T. B.

JULIE MAMÉE (mère d'Alexandre Sévère).

849. IVLIA MAMAEA AVG. Son buste diadémé à droite. ℞. FELICITAS PVBLICA. La Félicité assise à gauche (inédite). AR. Q. F. D. C.

850. Lot de 8 pièces argent. T. B. et F. D. C.

851. ℞. Le précédent avec S. C. Belle patine vert clair (n. 44). G. B. T. B.

852. ℟. VENERI FELICI S. C. Vénus debout à droite (n. 61). G. B. T. B.

MAMÉE, SÉVÈRE ALEXANDRE ET ORBIANE.

853. IVLIA MAMAEA AVG. MAT. AVGVSTI. Buste diadémé de Mamée à gauche. ℟. IMP. SEV ALEXANDER AVG. SALL. BARBIA ORBIANA AVG. Bustes affrontés de Sévère et d'Orbiane (inédite). Gravé.
AR. Médaillon ou double denier. Mod. 6. T. B.

MAXIMIN I (235 à 238).

854. IMP MAXIMINVS PIVS AVG. Son buste lauré à droite. ℟. PAX AVGVSTI. La Paix debout à gauche (n. 15). AR. Q. T. B.

855. Lot de 10 pièces d'argent. T. B. et F. D. C.

856. ℟. PAX AVGVSTI S. C. La Paix debout à gauche (n. 60). G. B. T. B.

857. ℟. VICTORIA GERMANICA S. C. Victoire debout à gauche avec un captif (n. 94). G. B. B.

858. Lot de quatre grands bronzes et deux moyens bronzes. B. et T. B.

PAULINE (femme de Maximin).

859. DIVA PAVLINA. Son buste voilé. ℟. CONSECRATIO. Paon éployé de face (n. 1). AR. T. B.

860. ℟. Même légende. Paon enlevant l'Impératrice au ciel (n. 2). AR. T. B.

861. Même pièce avec S. C. (n. 4). G. B. T. B.

862. Même pièce. G. B. T. B.

MAXIME (César 235-238).

863. IVL VERVS MAXIMVS CAES. Son buste drapé, la tête nue à droite. ℟. PRINC. IVVENTVTIS. Maxime debout à gauche, derrière lui une enseigne (n. 4). AR. T. B.

864. ℟. PIETAS AVG. Vases pontificaux (n. 1). AR. F. D. C.

865. Même pièce avec S. C. (n. 5). G. B. T. B.

866. PRINCIPI IVVENTVTIS S. C. Maxime debout à gauche; dans le champ, deux enseignes (n. 13). G. B. T. B.

867. Même médaille (n. 14). M. B. T. B.

868. Lot de deux grands bronzes, doubles des précédents. B.

GORDIEN D'AFRIQUE père (an 238, règne 45 jours).

869. IMP. M. ANT. GORDIANVS AFR. AVG. Son buste lauré à droite. ℞. P. M. TR. P. COS P. P. Gordien debout à gauche tenant un rameau (n. 2). AR. T. B.

GORDIEN D'AFRIQUE fils (an 238, règne 45 jours).

870. IMP. CAES. M. ANT. GORDIANVS AFR. AVG. Son buste lauré et le front chauve à droite. ℞. ROMÆ ÆTERNÆ S. C. Rome Nicéphore assise à gauche (n. 8). G. B. T. B.

BALBIN (an 238, règne 3 mois).

871. IMP. CAES. D. CAEL BALBINVS AVG. Son buste radié à droite. ℞. CONCORDIA AVG. Deux mains jointes (n. 3). AR. grand module T. B.

872. ℞. PROVIDENTIA DEORVM. La Providence debout à gauche (n. 12). 2 pièces. AR. T. B. et F. D. C.

873. ℞. VICTORIA AVGG. Victoire debout (n. 13). AR. T. B.

874. ℞. CONCORDIA AVGG. S. C. La Concorde assise (n. 16). G. B. T. B.

875. ℞. P. M. TR. P. COS II P. P. S. C. Balbin debout à droite tenant un rameau (n. 25). G. B. B.

PUPIEN (an 238, règne 3 mois).

876. IMP. CAES PVPIENVS MAXIMVS AVG. Son buste radié. ℞. CARITAS MVTVA AVGG. Deux mains jointes (n. 13). AR. grand module T. B.

877. ℞. CONCORDIA AVG. La Concorde assise à gauche (n. 6). AR. T. B.

878. PAX PVBLICA. La Paix assise à gauche (n. 14). AR. T. B.

879. ℞. Même légende et même type avec S. C. (n. 32). G. B. T. B.

880. ℞. VICTORIA AVGG. S. C. Victoire debout à gauche (n. 41). G. B. T. B.

881. ℞. CONCORDIA AVGG. S. C. La Concorde assise à gauche (n. 26). M. B. T. B.

GORDIEN III (César, 238 et 239).

882. M. ANT. CORDIANVS CAES. Son buste drapé à droite, la tête nue. ℞. PIETAS AVGG. Instruments de sacrifice (n. 73). AR. T. B.

GORDIEN III EMPEREUR 240 à 244.

883. IMP. GORDIANVS. PIVS FEL AVG. Son buste lauré à droite. ℞. P. M. TR. P. III COS II P. P. Gordien debout à droite tenant la haste et un globe (n. 102). AR. F. D. C.

884. Lot de 50 pièces d'argent, revers variés. T. B. et F. D. C.

885. ℞. LAETITIA AVG. N. S. C. La Joie debout à gauche (n. 242). G. B. T. B.

886. ℞. P M. TR. P. VI. COS. II. P. P. S. C. Gordien debout à droite, tenant la haste et un globe (n. 301). G. B. T. B.

887. Lot de six grands et un moyen bronze. B. et T. B.

GORDIEN III ET TRANQUILLINE

888. AYTOK. M. ANT. ΓΟΡΔΙΑΝΟC CEB TPANKYΛΛΙΝΑ. Têtes affrontées de Gordien et de Tranquilline. ℞. AYP. CEΠ. KOΛ. CIN. ΓAPA. La Province tourelée, assise à gauche. 2 pièces. frappées à Singara. R². G. B. T. B.

TRANQUILLINE (Femme de Gordien III).

889. SABINIA TRANQVILLINA AVG. Buste diadémé de Tranquilline à droite. ℞. PIETAS AVD. La Piété debout à gauche (n. 3). Pièce refaite. AR. B.

890. Même légende. Son buste diadémé à gauche. ℞. CONCORDIA AVGVSTORVM. Gordien et Tranquilline debout se donnant la main. Pièce refaite. M. B. B.

891. ΦOYPIA CABINA TPANKYΛΛΙΝΑ CEB. Son buste diadémé à droite. ℞. CAMIΩN. Méléagre debout à droite combattant le sanglier. M. B. T. B.

PHILIPPE père (244 à 249).

892. IMP. PHILIPPVS AVG. Sa tête radiée à droite. ℞. FELICITAS IMPP. dans une couronne (n. 19). AR. B.
893. ℞. VIRTVS AVGG. Les deux Empereurs à cheval à droite (n. 110). AR. T. B.
894. Lot de 35 pièces d'argent. T. B. et F. D. C.
895. ℞. FIDES EXERCITVS. S. C. Trois enseignes (n. 139). G. B. T. B.
896. ℞. P. M. TR. P. III. COS. P. P. S. C. La Félicité debout à gauche (n. 175). G. B. T. B.
897. Même pièce avec P. M. TR. P. V. COS. III. P. P. S. C. (n. 184). G. B. T. B.
898. ℞. ANNONA AVGG. S. C. L'Abondance debout à gauche (n. 132). M. B. F. D. C.
899. Lot de quatre grands bronzes. B. et T. B.

OTACILIE (femme de Philippe).

900. M. OTACIL SEVERA AVG. Son buste diadèmé à droite. ℞. SAECVLARES AVGG. Hippopotame à droite (n. 28). AR. F. D. C.
901. Lot de 10 pièces d'argent. T. B. et F. D. C.
902. ℞. CONCORDIA AVGG. S. C. La Concorde assise à gauche (n. 37). 2 pièces. G. B. T. B.
903. Même pièce, légende variée du côté de la tête. Très belle patine vert clair (n. 40). G. B. T. B.
904. ℞. SAECVLARES AVGG. S. C. Hippopotame à droite (n. 65). G. B. T. B.
905. Lot d'un grand et 2 moyens bronzes. B. et T. B.

PHILIPPE fils César (244 à 247).

906. M. IVL. PHILIPPVS CAES. Son buste radié à droite. ℞. PRINCIPI IVVENT. Philippe debout tenant la haste et un globe (n. 30). AR. T. B.
907. ℞. Même légende et S. C. Philippe debout à gauche (n. 64). G. B. T. B.
908. Même pièce (n. 65). M. B. T. B.

PHILIPPE FILS, empereur (247 à 249).

909. IMP. PHILIPPVS AVG. Son buste radié à droite. ℟. LIBERALITAS AVGG. III. Philippe père et son fils assis à gauche (n. 12). 3 pièces. AR. T. B.

910. ℟. LIBERALITAS AVGG. III. S. C. Philippe père et son fils assis à gauche (n. 56). G. B. B.

911. ℟. PAX AETERNA. S. C. La Paix debout à gauche (n. 57). 2 pièces. G. B. B.

912. ℟. SAECVLARES AVGG. S. C. Cippe avec COS. III (n. 76). M. B. T. B.

TRAJAN DÈCE (249 à 251).

913. IMP. C. M. Q. TRAIANVS DECIVS AVG. Son buste radié à droite. ℟. ADVENTVS AVG. Dèce à cheval à gauche (n. 4). 2 pièces. AR. T. B.

914. Lot de 8 pièces d'argent. T. B. et F. D. C.

915. ℟. FELICITAS SAECVLI S. C. La Félicité debout à gauche (n. 57). 2 pièces. BR. Médaillon T. B.

916. ℟. PANNONIAE S. C. Les deux Pannonies debout. 2 pièces (n. 97). G. B. T. B.

917. Lot de 3 grands et un moyen bronze. B. et T. B.

918. ℟. S. C. Mars debout à gauche (n. 102). P. B. T. B.

ETRUSCILLE (femme de Dèceus).

919. HER. ETRVSCILLA AVG. Son buste à droite sur un croissant. ℟. PVDICITIA AVG. La Pudeur assise à gauche (n. 12). AR. F. D. C.

920. ℟. FECVNDITAS AVG. La Fécondité debout à gauche (n. 5). AR. F. D. C.

921. Lot de 3 pièces d'argent. T. B. et F. D. C.

922. ℟. PVDICITIA AVG. S. C. La Pudeur assise à gauche (n. 18). BR. Médaillon T. B.

923. Même médaille (n. 24). G. B. T. B.

924. Même médaille (n. 25). G. B. T. B.

HERENNIUS ETRUSCUS, César (249-251).

925. Q. HER. ETR. MES. DECIVS NOB. C. Buste radié à droite. ℞. PRINCIPI IVVENTVTIS. La Paix assise à gauche (n. 13).
AR. F. D. C.

926. ℞. PVDICITIA AVG. La Pudeur assise à gauche (sup. n. 2).
AR. F. D. C.

927. Lot de 11 pièces d'argent. T. B. et F. D. C.

927 *bis*. ℞. PIETAS AVGG. S. C. Mercure debout à gauche (n. 29). M. B. T. B.

HOSTILIEN, César (249-251).

928. C. VALENS HOSTIL. MES. QVINTVS N. C. Son buste radié à droite. ℞. MARTI. PROPVGNATORI. Mars allant à droite (n. 11). AR. T. B.

929. ℞. PRINCIPI IVVENTVTIS. Hostilien debout à gauche (n. 21). AR. T. B.

930. ℞. Même légende. Apollon assis à gauche (n. 47).
G. B. T. B.

HOSTILIEN, Empereur (251).

931. IMP. CAEC. VAL. HOS MES. QVINTVS AVG. Son buste radié à droite. ℞. SAECVRITAS AVGG. La Sécurité debout à droite (n. 33). AR. T. B.

TRÉBONIEN GALLE (251-254).

932. IMP. C. GALLVS AVG. Sa tête laurée à droite. ℞. FELICITAS PVBLICA. La Félicité debout à gauche (n. 25 var.).
AR. Q. F. D. C.

933. ℞. ÆTERNITAS AVGG. L'Eternité debout à gauche (n. 9).
AR. F. D. C.

934. Lot de 13 pièces d'argent. T. B. et F. D. C.

935. ℞. SECVRITAS AVG. S. C. La Sécurité debout à droite (n. 118). G. B. B.

936. Lot de 3 grands et un moyen bronze. B.

VOLUSIEN Empereur, (252-254).

937. IMP. CAE. C. VIB. VOLVSIANO AVG. Son buste radié à droite. ℞. P. M. TR. P. IIII. COS. II. Volusien debout à gauche sacrifiant (n. 52). AR. F. D. C.

938. Lot de 14 pièces d'argent. T. B. et F. D. C.

939. ℞. PAX AVGG. S. C. La Paix debout à gauche (n. 105). G. B. T. B.

940. Lot de trois grands bronzes. B. et T. B.

ÉMILIEN (243-254).

941. IMP. AEMILIANVS PIVS FEL. AVG. Son buste radié à droite. ℞. ROMAE AETERNAE. Rome Nicéphore debout à gauche (n. 22). AR. T. B.

942. ℞. SPES PVBLICA.. L'Espérance allant à gauche (n. 25). AR. T. B.

943. ℞. VICTORIA AVG. Victoire passant à gauche (n. 27). AR. T. B.

944. ℞. P. M. TR. P. I. P. P. S. C. Emilien debout à gauche sacrifiant sur un autel (n. 41). G. B. T. B.

CORNELIA SUPERA (femme d'Emilien).

945. C. CORNEL. SVPERA AVG. Son buste à droite sur un croissant. ℞. VESTA. Vesta debout tenant une patère et un sceptre (n. 4). Pièce retouchée. AR.

946. ℞. IVNONI AVG. Junon assise à gauche, tenant une fleur sur la droite et un enfant au maillot sur le bras gauche; pièce un peu retouchée (sup. 1). AR. B.

VALÉRIEN père (243 à 260).

947. IMP. C. P. LIC. VALERIANVS P. F. AVG. Son buste radié à droite. ℞. CONSERVAT AVGG. Apollon et Diane debout à gauche (n. 37). AR. T. B.

948. ℞. GALLIENVS CVM. EXEP. SVO. Jupiter debout sur un cippe, sur lequel on lit IOVI VICTOR (n. 53). AR. T. B.

949. Lot de 10 pièces d'argent. T. B. et F. D. C.

950. ℟. FIDES MILITVM S. C. La Foi debout à gauche (n. 190). G. B. B.

951. ℟. VICTORIA AVGG. S. C. Victoire debout à gauche. (n. 214.) 2 pièces variées. G. B. T. B.

952. Lot de 1 grand et 3 moyens bronzes. B. et T. B.

MARINIANA, femme de Valérien.

953. DIVAE MARINIANAE. Son buste voilé à droite sur un croissant. ℟. CONSECRATIO. Paon de face la queue éployée (n. 3). AR. T. B.

954. ℟. CONSECRATIO. Paon à gauche enlevant l'impératrice au ciel (n. 9). 2 pièces. AR. B.

GALLIEN (253-268).

955. IMP. GALLIENVS AVG. Son buste lauré à droite. ℟. VICTORIA AVG. Victoire passant à gauche (n. 592). AR. Q. B.

956. Lot de 10 pièces d'argent. T. B. et F. D. C.

957. ℟. IOVI VICTORI. Jupiter debout sur un cippe avec IMP. C. E. S. (n. 236). AR. T. B.

958. ℟. LIBERALITAS AVGG. S. C. La Libéralité debout à droite (n. 775). G. B. B.

959. ℟. VICTORIA GERM. S. C. Victoire debout à gauche, à ses pieds un captif (n. 847). G. B. T. B.

960. ℟. AEQVITAS AVGG. S. C. L'Equité debout à gauche (n. 737). M. B. T. B.

961. ℟. VOTIS DECENNALIBVS. S. C. dans une couronne (n. 862). M. B. B.

962. Lot de 2 moyens bronzes et 9 petits bronzes, rares. B. et T. B.

963. Lot de 15 petits bronzes. T. B. et F. D. C.

RESTITUTIONS dites de GALLIEN. Pièces frappées sous Philippe?

964. DIVO AVGVSTO. Tête radiée d'Auguste à droite. ℟. CONSECRATIO Autel, 2 pièces. AR. T. B.

965. DIVO TITO. Tête radiée de Titus à droite. ℟. CONSECRATIO. Autel. AR. T. B.

966. DIVO NERVAE. Tête radiée de Nerva à droite. ℟ CONSECRATIO. Autel. AR. T. B.

967. DIVO TRAIANO. Tête radiée de Trajan à droite. ℟. CONSECRATIO. Autel. AR. T. B.

968. DIVO PIO. Tête radiée d'Antonin à droite. ℟. CONSECRATOI. Aigle éployé. AR. T. B.

969. DIVO ALEXANDRO. Tête radiée de Sévère Alexandre à droite. ℟. CONSECRATIO. Aigle éployé. AR. T. B.

GALLIEN ET SALONINE.

970. CONCORDIA AVGVSTORVM. Bustes en regard de Gallien et de Salonine. ℟. ADVENTVS AVGG. Gallien et Salonine à cheval à gauche précédés par la Victoire et suivis par un soldat (n. 11). M. B. T. B.

SALONINE, femme de Gallien.

971. SALONINA AVG. Son buste diadémé à droite sur un croissant. ℟. VESTA. Vesta assise à gauche (n. 93). AR. F. D. C.

972. ℟. IVNO REGINA. S. C. Junon debout à gauche (n. 108). G. B. B.

973. Lot de quatre pièces d'argent et deux petits bronzes. B. et T. B.

SALONIN, César (253-259).

974. LIC. COR. SAL. VALERIANVS N. CÆS. Son buste radié à droite. ℟. PIETAS AVGG. Vases pontificaux (n. 38). AR. T. B.

975. Lot de sept pièces argent et trois petits bronzes. T. B. et F. D. C.

VALERIEN jeune ? (260-268).

976. VALERIANVS P. F. AVG. Buste drapé et radié à droite. ℟. ORIENS AVGG. Le Soleil allant à gauche (n. 5). AR. T. B.

977. Lot de trois autres pièces de billon. B. et T. B.

RÈGNE DES TYRANS

Tyrans d'Orient

MACRIEN jeune (260-262).

978. IMP. C. FVL. MACRIANVS P. F. AVG. Son buste radié, ℟. IOVI CONSERVATORI. Jupiter assis à gauche (n. 6). Bil. B.

QUIÉTUS (260-264).

979. IMP. C. FVL. QUIETUS P. F. AVG. Son buste radié à droite. ℟. INDVLGENTIAE AVG. L'Indulgence assise à gauche (n. 4). Bil. B.

Tyrans des Gaules

POSTUME père (258-267).

980. POSTVMVS AVG. Son buste radié à gauche, tenant une massue sur l'épaule. ℟. PAX AVG. La Paix debout à gauche (n. 98). Bil. T. B.
981. ℟. LAETITIA AVG. Galère avec ses rameurs (n. 245 et 247). 3 pièces. G. B. B. et T. B.
982. ℟. VIRTVS AVG. S. C. Mars debout à droite (n. 337). G. B. T. B.
983. Lot de 20 pièces de billon. T. B. et F. D. C.
984. Lot de 9 petits bronzes. T. B. et F. D. C.

LAELIEN (267).

985. IMP. C. LAELIANVS P. F. AVG. Son buste radié à droite. ℟. VICTORIA AVG. Victoire allant à droite (n. 3). P. B. T. B.
986. Lot de trois pièces au même type. P. B. B. et T. B.

VICTORIN père (265-267).

987. IMP. C. PIAV. VICTORINVS P. F. AVG. Son buste radié à

droite. ℟. PAX AVG. La Paix debout à gauche, 2 pièces (n. 49). P. B. T. B.

988. Lot de six autres pièces, revers variés. P. B. B. et T. B.

MARIUS (an 268, règne 3 jours)?

989. IMP. C. MARIVS P. F. AVG. Son buste radié à droite. ℟. CONCORD. MILIT. Deux mains jointes (n. 7). P. B. F. D. C.

990. ℟. SAEC. FELICITAS. La Félicité debout à gauche (n. 13). P. B. T. B.

991. ℟. VICTORIA AVG. Victoire debout à droite (n. 17). P. B. T. B.

992. Même pièce, la Victoire à gauche (n. 18). P. B. T. B.

993. Lot de 5 pièces avec les deux mains jointes. P. B. B. et T. B.

TETRICUS père (268-273).

994 IMP. C. TETRICVS P. F. AVG. Son buste radié à droite. ℟. VIRTVS AVGG. Mars debout à gauche (n. 119). P. B. T. B.

995. Lot de 11 petits bronzes de Tétricus père et Tétricus fils. B.

EMPEREURS ROMAINS

CLAUDE II (268-270).

996. IMP. C. CLAVDIVS AVG. Son buste lauré à droite. ℟. MARS VICTOR. Mars passant à droite portant un trophée (n. 122 var.). M. B. T. B.

997. ℟. IVNO REGINA. Junon debout à gauche (n. 105). P. B. T. B.

998. Lot de 17 pièces petits bronzes, plusieurs rares. P. B. B. et T. B.

QUINTILLE, an 270, règne 17 jours?

999. IMP. C. M. AVR. CL. QVINTILLVS. AVG. Son buste radié à

droite. ℟. VIRTVS AVG. Mars debout à gauche (n. 55), plus 5 autres pièces. P. B. T. B.

AURÉLIEN (270-275).

1000 IMP. C. AVRELIANVS. AVG. Son buste lauré à droite. ℟. CONCORDIA MILI. La Concorde assise à gauche (n. 6). OR. F. D. C.

1001. ℟. CONCORDIA AVG. Aurélien et Sévérine debout (n. 42). 2 pièces. M. B. T. B.

1002. ℟. ORIENS AVG. Le Soleil debout (n. 131). P. B. F. D. C.

1003. Lot de 23 petits bronzes revers variés, plusieurs rares. T. B. et F. D. C.

SÉVÉRINE, femme d'Aurélien.

1004. SEVERINA AVG. Son buste diadémé à droite. ℟. IVNO REGINA. Junon debout à gauche (n. 9). M. B. T. B.

1005. ℟. CONCORDIA AVGG. Aurélien et Sévérine debout se donnant la main (n. 3). P. B. F. D. C.

1006 ℟. VENVS FELIX. Vénus debout à gauche (n. 14). Petit module. P. B. T. B.

1007. Lot de neuf petits bronzes. T. B. et F. D. C.

VABALATHE ET AURÉLIEN.

1008. VABALATHVS V. C. R. IM. D.R. Son buste lauré à droite. ℟. IMP. AVRELIANVS AVG. Buste radié d'Aurélien à droite (n. 1). 2 pièces. P. B. T. B.

TACITE (275, règne 6 mois).

1009. IMP. C. M. CL. TACITVS P. F. AVG. Son buste radié à gauche. ℟. AEQVITAS AVG. L'Équité debout à gauche (inédite). P. B. F. D. C.

1010. ℟. VICTORIA GOTHI. Victoire debout à gauche (n. 127). P. B. T. B.

1011. Même type; mais le buste de Tacite à gauche (sup. n. 10). P. B. T. B.

1012. Lot de 3 pièces, revers variés. P. B. T. B. et F. D. C.

FLORIEN (276, règne 3 mois).

1013. IMP. C. FLORIANVS AVG. Son buste radié à droite. ℞. PROVIDENTIA AVG. Exergue III. La Providence debout à gauche (n. 64). P. B. F. D. C.

1014. Lot de treize pièces, revers variés. P. B. T. B. et F. D. C.

PROBUS (276 à 282).

1015. IMP. C. M. AVR. PROBVS AVG. Son buste lauré à droite. ℞. ORIENS AVGVSTI. Le Soleil debout à droite; exergue SIS (n. 24). OR. F. D. C.

1016. ℞. ABVNDANTIA AVG. L'Abondance debout à droite. 2 pièces (n. 105). P. B. F. D. C.

1017. ℞. ADVENTVS AVG. Probus à cheval à gauche (n. 128). P. B. F. D. C.

1018. ℞. CONSERVAT AVG. Le Soleil debout à gauche (n. 221). P. B. T. B.

1019. ℞. ERCVLI PACIFERO. Hercule debout à gauche (n. 291). P. B. T. B.

1020. ℞. P. M. TR. P. COS II. P. P. Lion passant à gauche (n. 377). P. B. T. B.

1021. ℞. P. M. TR. P. VI COS V P. P. Probus debout à gauche, entre deux enseignes (n. 386). P. B. Q. F. D. C.

1022. ℞. PROVIDENT AVG. La Providence debout à gauche (n. 397). P. B. T. B.

1023. ℞. RESTITVTOR SECVLI. Victoire debout à gauche couronnant l'Empereur (n. 422, var.) P. B. T. B.

1024. ℞. RESTITVT. SEC. Même type (n. 425). P. B. F. D. C.

1025. ℞. VICTORIA GERM. Victoire passant à droite; à ses pieds, deux captifs (n. 572). P. B. Q. T. B.

1026. ℞. VICTORIA GERM. Trophée; au pied, deux captifs (n. 577). P. B. Q. F. D. C.

1027. ℞. VIRTVS AVG. Probus à cheval à droite, terrassant un ennemi (n. 620). P. B. Q. T. B.

1028. ℞. VIRTVS INVIC. AVG. Même type (n. 631). P. B. T. B.

1029. Même pièce avec INVICT (n. 632, var.) P. B. T. B.

1030. Même type. Une Victoire vole au-devant de Probus (n. 635). P. B. T. B.

1031. Lot de 80 pièces en petit bronze. T. B. et F. D. C.

CARUS (282-283).

1032. IMP. CARVS AVG. Son buste lauré à droite. ℟. VIRTVS AVGG. Mars debout à gauche (n. 92). P. B. Q. F. D. C.

1033. CONSECRATIO AVG. Autel carré (n. 41). P. B. T. B.

1034. Lot de huit petits bronzes. T. B. et F. D. C.

CARUS ET CARINUS.

1035. CARVS ET CARINVS AVGG. Leurs bustes radiés et accolés à droite. ℟. PAX AVG. La Paix passant à gauche (sup. n. 1, var.). P. B. T. B.

NUMÉRIEN, César (282-283).

1036. M. AVR. NVMERIANVS NOB. C. Son buste radié à droite. ℟. PRINCIPI IVVENT. Numérien debout à gauche. *ex.* KAS (n. 59). P. B. T. B.

NUMÉRIEN, empereur (283-284).

1037. IMP. NVMERIANVS. P. F. AVG. Son buste lauré à droite. ℟. SALVS AVGG. La Santé assise à gauche (n. 5). OR. F. D. C.

1038. ℟. MONETA AVGG. Les trois monnaies debout à gauche (n. 13). BR. médaillon, mod. 10. F. D. C.

1039. ℟. PIETAS AVGG. Mercure debout à gauche (n. 47). P. B. Q. F. D. C.

1040. ℟. INDIQVE VICTORES. Numérien debout à gauche (n. 83). P. B. T. B.

1041. Lot de sept petits bronzes. T. B. F. D. C.

CARINUS, César (282-283).

1042. CARINVS NOBIL. CAES. Son buste radié à gauche. ℟. SAECVLI FELICITAS. Carin allant à droite (n. 117). P. B. F. D. C.

CARINUS, empereur (283-285).

1043. IMP. CARINVS P. F. AVG. Son buste lauré à droite. ℞. VIRTVS AVGG. Mars debout à gauche (n. 130)
P. B. Q. F. D. C.

1044. AETERNIT. AVG. L'Eternité debout à gauche (n. 48).
P. B. T. B.

1045. Lot de 13 pièces. P. B. T. B. et F. D. C.

MAGNIA URBICA, femme de Carin.

1046. MAGNIA VRBICA AVG. Son buste diadémé à droite. ℞. VENVS GENETRIX. Vénus debout à gauche (n. 10).
P. B. T. B.

1047. ℞. VENVS VICTRIX. Vénus debout à gauche (n. 14).
P. B. B.

NIGRINIEN, fils de Carinus.

1048. DIVO NIGRINIANO. Son buste radié à mi-corps à droite, ℞. CONSECRATIO. Aigle debout de face (n. 2)
P. B. T. B.

JULIEN, tyran (283).

1049. IMP. C. IVLIANVS. P. F. AVG. Son buste lauré. ℞. LIBERTAS PVBLICA. La Liberté debout à gauche (n. 1).
OR. F. D. C.

1050. ℞. FELICITAS TEMPORVM. La Félicité debout à gauche, dans le champ. S. B. Exergue XXI (n. 2). P. B. B.

DIOCLÉTIEN (284 à 305).

1051. DIOCLETIANVS P. F. AVG. Sa tête laurée à droite. ℞. VOTIS ROMANORVM. Deux Victoires soutenant une stèle sur laquelle on lit SIC XX SIC XXX ex. AQ. (inédite).
OR. Q. T. B.

1052. ℞. VIRTVS MILITVM. Quatre soldats sacrifiant devant la porte d'un camp (n. 84). AR. T. B.

1053. Même pièce, variété 2 pièces (n. 90). AR. T. B.

1054. ℞. PRIMIS XV, MVLTIS XX, Jupiter debout à gauche (n. 290). P. B. T. B.

1055. ℟. Même légende. Deux Victoires soutenant un bouclier avec VOT. X. FEL (n. 294). P. B. F. D. C.

1056. DIOCLETIANVS. P. F. AVG. Sa tête laurée à droite. ℟. QVIES AVGG. La Tranquillité debout à gauche (inédite). P. B. Q. T. B.

1057. ℟. QVIES AVGVSTORVM. Même type (n. 317). M. B. F. D. C.

1058. ℟. VICTORIA AVG. Victoire debout à gauche (n. 338). P. B. Q. F. D. C.

1059. ℟. VOT. X. MAX. Victoire allant à gauche (n. 362). P. B. T. B.

1060. Lot de 27 moyens et petits bronzes. T. B. et F. B. C.

MAXIMIEN HERCULE (285-305).

1061. MAXIMIANVS AVG. Sa tête laurée à droite. ℟. F. ADVENT AVGG. NN. L'Afrique debout à gauche (n. 29). AR. T. B.

1062. ℟. VIRTVS MILITVM. Quatre soldats sacrifiant devant porte d'un camp (n. 81). AR. T. B.

1063. ℟. Même légende, porte d'un camp ouverte sans ses battants et trois tours (n. 101). AR. F. D. C.

1064. ℟. VIRTVS MILITVM. Porte avec quatre tours (sup. n. 7), 2 pièces. AR. F. D. C.

1065. ℟. XC. VI. en deux lignes (n. III). AR. F. D. C.

1066. ℟. CONSERVATORES KART SVAE. La Province dans un temple à six colonnes (n. 177). M. B. T. B.

1067. IMP. MAXIMIANVS P. F. AVG. Buste casqué de Maximien à gauche tenant une lance sur l'épaule et un bouclier. ℟. GENIO POPVLI ROMANI. Génie debout à gauche; *ex.* TR. (n. 219, var. inéd.). M. B. T. B.

1068. Même pièce. Buste de Dioclétien lauré à gauche portant une massue (n. 249). M. B. T. B.

1069. Autre, le buste lauré de Dioclétien à gauche tenant un globe (inédite). M. B. T. B.

1070. ℟. HERCVLI CONSERVATORI. Hercule debout à gauche (n. 260). M. B. T. B.

1071. ℟. CONSERVATORES AVGG. Hercule et l'Empereur debout sacrifiant (n. 174). P. B. F. D. C.

1072. ℟. VTILITAS PVBLICA. Femme debout à gauche (sup. n. 62). P. B. Q. T. B.
1073. Lot de vingt-quatre moyens bronzes. T. B. et F. D. C.
1074. Lot de vingt-six petits bronzes. T. B. et F. D. C.

CARAUSIUS, tyran (287-293).

1075. IMP. CARAVSIVS P. F. AVG. Son buste radié à droite. ℟. PAX AVG. La Paix passant à gauche (n. 177). P. B. T. B.
1076. ℟. PROVIDEN. AVG. La Providence debout à gauche (n. 207). P. B. T. B.

ALLECTUS, tyran (294-297).

1077. IMP. C. ALLECTVS P. F. AVG. Son buste radié à droite. ℟. PAX AVG. La Paix debout à gauche; exergue ML. (n. 33). P. B. F. D. C.
1078. Même pièce. P. B. B.

DOMINITIVS DOMITIANUS (Achillée), tyran (an 292).

1079. IMP. C. L. DOMITIVS DOMITIANVS AVG. Sa tête laurée à droite. ℟. GENIO POPVLI ROMANI. Génie debout à gauche (n. 1). M. B. T. B.
1080. Même pièce. M. B. T. B.

CONSTANCE I, CHLORE, César (292-305).

1081. CONSTANTIVS NOB CAES. Sa tête laurée à droite. ℟. PRINCIPI INVENTVT. Constance debout à droite tenant un globe et la haste (inédit). AR. Q. T. B.
1082. ℟. VIRTVS MILITVM. Quatre soldats sacrifiant devant un camp (n. 58). AR. B.
1083. ℟. XCVI et I. En deux lignes dans le champ (n. 71). AR. F. D C.
1084. CONSTANTIVS NOBIL. CAES. Son buste lauré à droite. ℟. FORTVNAE REDVICI AVGG. ET CAESS. NN. La Fortune assise à gauche (inédite). M. B. T. B.
1085. Lot de neuf moyens bronzes. T. B. et F. D. C.

1086. Lot de douze petits bronzes. T. B. et F. D. C.

CONSTANCE CHLORE, empereur (305, un an).

1087. IMP. CONSTANTIVS P. F. AVG. Sa tête laurée à droite. ℟. FIDES MILITVM. La Foi assise à gauche, 2 pièces (n. 98). M. B. T. B.

1088. Lot de seize moyens bronzes variés. T. B. et F. D. C.

1089. Lot de six petits bronzes de deux modules. T. B.

HÉLÈNE, femme de Constance Chlore (Sainte-Hélène).

1090. FL. HELENA AVGVSTA. Son buste diadémé à droite. ℟. SECVRITAS REIPVBLICAE. Hélène debout à gauche ; 2 pièces (n. 7). P. B. F. D. C.

1091. ℟. PAX PVBLICA. Même type. 3 pièces. P. B. Q. R.

1092. ℟. Sans légende, étoile dans une couronne (n. 8). P. B. F. D. C.

THÉODORA, 2e femme de Constance Chlore.

1093. FL. MAX. THEODORA AVG. Son buste à droite. ℟. PIETAS ROMANA. La Piété debout à droite (n. 1). P. B. Q. T. B.

1094. Lot de quatre pièces au même type. B. et T. B.

GALÈRE MAXIMIEN, César (292-305).

1095. MAXIMIANVS NOB. C. Sa tête laurée à droite. ℟. VIRTVS MILITVM. Quatre soldats sacrifiant devant un camp (n. 28). AR. T. B.

1096. ℟. GENIO POPVLI ROMANI. Génie debout à gauche (n. 115, var.). M. B. F. D. C.

1097. ℟. ORIENS AVGG. Le Soleil debout à gauche. 2 pièces. P. B. T. B.

1098. Lot de quinze moyens bronzes. T. B. et F. D. C.

GALÈRE MAXIMIEN, emperenr (305-311).

1099. DIVO MAXIMIANO MAXIMINVS AVG. FIL. Tête laurée de Galère à droite. ℟. AETERNAE MEMORIAE GAL MAXIMIANI.

Autel carré et allumé; sur la base, un aigle éployé. Exergue ALE (n. 53). M. B. F. D. C.

VALERIA, femme de Galère.

1100. GAL. VALERIA AVG. Son buste diadémé à droite. ℞. VENERI VICTRICI. Vénus debout à gauche, à l'exergue ALE. (n. 5). M. B. T. B.

1101. Lot de trois autres pièces, même ville. M. B. B et T. B.

1102. Lot de trois autres pièces, villes diverses. M. B. B.

SÉVÈRE II, César (305-306).

1103. FL. VAL. SEVERVS NOB C. Son buste lauré à droite. ℞. GENIO POPVLI ROMANI. Génie debout à gauche (n. 34). M. B. F. D. C.

1104. Lot de quatre moyens bronzes. T. B. et F. D. C.

SÉVÈRE II, empereur (306-307).

1105. IMP. SEVERVS PIVS F. AVG. Son buste lauré à droite. ℞. GENIO POPVLI ROMANI. Génie debout à gauche (n. 36). M. B. T. B.

1106. Lot de quatre autres pièces variées. M. B. B. et T. B.

MAXIMIN II DAZA, César (305-307).

1107. MAXIMINVS NOB CAES. Sa tête laurée. ℞. GENIO POPVLI ROMANI. Génie debout à gauche (n. 107). M. B. F. D. C.

1108. Lot de cinq pièces moyens bronzes. T. B. et F. D. C.

MAXIMIN II, empereur (307-313).

1109. IMP. MAXIMINVS AVG. Son buste radié à gauche. ℞. SOLI INVICTO COMITI. Le Soleil dans un quadrige de face (n. 21). 2 pièces. Bil. B.

1110. ℞. GENIO AVGVSTI. Génie debout à gauche (n. 53). M. B. F. D. C.

1111. Lot de 12 moyens et petits bronzes, revers variés. T. B. et F. D. C.

MAXENCE, tyran (306-312).

1112. MAXENTIVS P. F. AVG. Sa tête laurée à droite. ℟. MARTI PROPAG. IMP. AVG. N. Mars et l'Italie debout; au milieu, la Louve (n. 15). AR. F. D. C.
1113. ℟. CONSERV. VRB. SVAE. Rome dans un temple à six colonnes. 3 pièces (n. 54 à 56). M. B. B. et T. B.
1114. Lot de 12 pièces, moyen bronze. B. et T. B.
1115. Lot de quatre petits bronzes. T. B. et F. D. C.

ROMULUS César, fils de Maxence (308-309).

1116. DIVO ROMVLO NVBIS CONS. Sa tête nue à droite. ℟. ROMAE AETERNAE. Temple rond (n. 9). M. B. T. B.
1117. Même pièce (n. 10). 2 pièces. P. B. T. B.
1118. Même pièce avec IMP. MAXENTIVS DIVO. ROMVLO NV FILIO (n. 4). M. B. T. B.

ALEXANDRE, tyran d'Afrique (311).

1119. IMP. ALEXANDER P. F. AVG. Sa tête laurée à droite. ℟. VICTORIA ALEXANDRIA AVG. N. Victoire allant à gauche; à l'exergue, P. K. (n. 12). M. B. T. B.

LICINIUS père (307-323).

1120. LICINIVS P. F. AVG. Sa tête laurée à droite. ℟. VBIQVE VICTORES. Licinius debout à droite entre deux captifs (n. 29). OR. F. D. C.
1121. IOVI CONSERVATORI. Jupiter sur son aigle, exergue P. T. R. (n. 13). Billon F. D. C.
1122. ℟. BONO GENIO IMPERATORIS. Génie debout à gauche (n. 36). M. B. T. B.
1123. Lot de trois pièces de billon. B.
1124. Lot de 55 moyens et petits bronzes. T. B. et F. D. C.

LICINIUS père et LICINIUS fils.

1125. D. D. N. N. IOVI LICINII INVICT AVG. ET CAES. Bustes laurés et affrontés du père et du fils soutenant une statue de la Victoire. ℟. I. O. M. ET. VICT. CONSER. DD. NN.

AVG. ET CAES. Jupiter et la Victoire debout, exergue S. M. K. B. (n. 2). P. B. F. D. C.

1126. Même pièce avec S. M. K. Γ. P. B. T. B.

LICINIUS fils, César (317-326).

1127. D. N. VAL. LICINIAN. LICINIVS NOB. C. Son buste lauré à gauche. ℞. IOVI CONSERVATORI CAES. Jupiter debout à gauche (n. 26, var.). P B. T. B.

1128. Lot de 11 pièces variées. P. B. B. et T. B.

MARTINIEN, (an 3 3), règne 2 mois.

1129. D. N. MARTINIANVS P. F. AVG. Son buste radié à droite. ℞. IOVI CONSERVATORI. Jupiter debout à gauche entre un aigle et un captif (n. 2). P. B. T. B.

CONSTANTIN (le Grand) César, (an 305).

1130. CONSTANTINVS NOB. CAES. Sa tête laurée à droite. ℞. VIRTVS MILITVM. Porte d'un camp ouverte P. T. R. (n. 150). AR. F. D. C.

1131. Même pièce sans battants à la porte (inédite). AR. F. D. C.

1132. Même pièce. Trois tours seulement au-dessus de la porte (inédite). AR. F. D. C.

1133. Lot de dix moyens bronzes. T. B. et F. D. C.

CONSTANTIN I, empereur (306-337).

1134. CONSTANTINVS P. F. AVG. Sa tête laurée à droite. ℞. VICTORIBVS AVGG. N. N. VOTIS. Victoire assise à droite écrivant XXX sur un bouclier (n. 141). OR. T. B.

1135. CONSTANTINVS P. F. AVG. Buste diadémé à droite. ℞. GAVDIVM POPVLI ROMANI. Couronne; au milieu, SIC. XX. SIC XXX; à l'exergue SIS (inédite).
AR. médaillon, mod. 7. F. D. C.

1136. ℞. PAX AVGVSTORVM. Constantin debout à gauche tenant le labarum; exergue T. R. P. (n. 76). AR. F. D. C.

1137. ℞. VIRTVS MILITVM. Porte d'un camp TR. (n. 151 et 152). 2 pièces variées. AR. Q. T. B. et F. D. C.

1138. ℟. VIRTVS PERPETVA AVG. Hercule debout et à gauche étouffant le lion (n. 544). M. B. T. B.

1139. ROMA. Buste casqué à gauche. ℟. Sans légende. La Louve allaitant les deux enfants (n. 4). BR. médaillon T. B.

1140. Lot de cinq moyens bronzes variés. T. B. et F. D. C.

1141. Lot de 131 petits bronzes. B. T. B. et F. D. C.

1142. Lot de trois pièces du même règne émises au moyen âge comme pièces religieuses. M. B. T. B.

CONSTANTIN I, CRISPUS ET CONSTANTIN II

1143. CONSTANTINVS MAX AVG. Tête nue de Constantin. ℟. CRISPVS ET CONSTANTINVS C. C. Tête nue et en regard des deux Césars; à l'exergue, SIRM (n. 2). AR. F. D. C.

FAUSTA, femme de Constantin.

1144. FL. MAX. FAVSTA AVG. Son buste à droite. ℟. SALVS REIPVBLICAE. Fausta debout tenant Constantin II et Constance II dans ses bras. 5 pièces (n. 9). P. B. T. B. et F. D. C.

1145. ℟. Saus légende, étoile dans une couronne (n. 16). P. B. T. B.

CRISPUS César, fils de Constantin (317-326).

1146. D. N. FL. IVL. CRISPVS NOB. CAES. Son buste lauré à droite. ℟. VIRT EXERCI. Plan d'un camp; au-dessus, le Soleil debout (n. 126). P. B. T. B.

1147. Lot de 37 petits bronzes, plusieurs rares. T. B. et F. D. C.

DELMATIUS César, neveu de Constantin (335-337).

1148. FL. DELMATIVS NOB. C. Son buste lauré à droite. ℟. GLORIA EXERCITVS. Deux soldats debout, entre eux une enseigne (n. 5). 3 pièces. P. B. T. B.

HANNIBALLIEN, frère de Delmatius. roi de Pont (335 à 337).

1149. FL. HANNIBALLIANO REGI. Son buste drapé à droite. ℟. SECVRITAS PVBLICA. L'Euphrate couché à droite; exergue, CONS (n. 1). P. B. B.

CONSTANTIN II, César (317 à 335).

1150. CONSTANTINVS IVN. NOB. C. Son buste lauré à gauche. ℟. BEATA TRANQVILLITAS. Cippe avec VOTIS XX (sup. n. 8). P. B. T. B.

1151. Lot de trente-neuf pièces petits bronzes. T. B. et F. D. C.

CONSTANS I, empereur (337-350).

1152. CONSTANS AVGVSTVS. Son buste diadémé à droite, ℟. VICTORIAE. DD. NN. AVGG. Deux Victoires tenant une couronne sur laquelle on lit. VOT X MVLT. XX. A l'exergue TR (n. 82). OR. F. D. C.

1153. ℟. Même légende. Victoire allant à gauche ; exergue TR (n. 69). OR. Q. F. D. C.

1154. ℟. GAVDIVM POPVLI ROMANI. Couronne au milieu, deux palmes et SIC X. SIC. XX. exergue SIS (n. 9). AR. médaillon mod. 7. F. D. C.

1155. ℟. TRIVMFATOR GENTIVM BARBARVM. Constans debout à gauche tenant le Labarum, exergue TES (n. 17). AR. médaillon, mod. 7. T. B.

1156. Même type. AR. médaillon, mod. 6. F. D. C.

1157. Même pièce. AR. médaillon, mod. 6. T. B.

1158. ℟. CONSTANS AVG. Trois Palmes ; au-dessus, une étoile, exergue SIS (n. 29). AR. F. D. C.

1159. ℟. VICTORIA D.D. N.N. AVGG. Victoire passant à gauche, exergue TR. (n. 70). AR. F. D. C.

1160. Lot de quatorze moyens et petits bronzes T. B. et F. D. C.

CONSTANCE II, César. (317-335).

1161. Sans légende. Tête diadémée de Constance, à droite,

℞. CONSTANTIVS CAESAR. Victoire passant à gauche. exergue S. M. T. S. (n. 56). OR. F. D. C.

1162. ℞. CONSTANTIVS NOB CAES dans le champ (n. 212). P. B. T. B.

CONSTANCE II, empereur (335-361).

1163. FL. IVL, CONSTANTIVS. PERP. AVG. Son buste diadémé à gauche, ℞. GLORIA ROMANORVM. Rome et Constantinople assises tenant chacune une Victoire; à l'exergue TES I (n. 27). Médaillon mod. 7. OR. F. D. C.

1164. Même type. Les deux villes soutiennent un bouclier (n. 80). OR. TB.

1165. ℞. VICTORIA AVGVSTORVM. Victoire assise, devant elle un Génie soutenant un bouclier avec VOT XXX ; exergue S. M. N (n. 113). OR. Q. F. D. C.

1166. ℞. VICTORIA D. D. N. N. AVGG. Deux Victoires debout soutenant un bouclier (n. 139). OR. F. D. C.

1167. ℞. GAVDIVM, etc. Type du n° 1154 (n. 20). AR. médaillon mod. 7. F. D. C.

1168. ℞. VIRTVS D. D. N. N. AVGG. Constance debout à gauche tenant le labarum (n. 50). AR. médaillon mod. 5. T. B.

1169. ℞. VOTIS XXX MVLTIS XXXX dans une couronne. (n. 151). 2 pièces. AR. T, B.

1170. ℞. VOTIS XXXX, dans une couronne, plus une autre pièce. AR. T. B.

1171. ℞. VIRTVS AVG. Constance debout à droite; à ses pieds deux captifs (n. 189). BR. médaillon, mod. 9. T. B.

1172. Lot de vingt-cinq moyens bronzes. T. B. et F. D. C.

1173. Lot de quinze petits bronzes. Id. Id.

NÉPOTIEN, tyran, neveu de Constantin (350), règne 28 jours.

1174. FL. POP. NEPOTIANVS P. F. AVG. Son buste diadémé à

droite. ℟. GLORIA ROMANORVM. Népotien terrassant un ennemi (n. 2). M. B. B.

1175. ℟. VRBS ROMA. Rome assise à gauche; exergue R. (n 4). M. B. B.

VÉTRANION, tyran (350) règne 6 mois.

1176. D. N. VETRANIO P. F. AVG. Son buste diadémé à droite. ℟. GLORIA ROMANORVM. Vétranion debout à gauche. Exergue SIS (n. 6). P. B. B.

1177. HOC SIGNO VICTOR ERIS. Vétranion debout à gauche, une Victoire le couronne (n. 7). 2 pièces. M. B. B. et T. B.

MAGNENCE, tyran (350-353).

1178. D. N. CAE. MAGNENTIVS AVG. Son buste la tête nue à droite. ℟. VICTORIA AVG. LIB. ROMANORVM. La Victoire et la Liberté debout tenant un trophée; exergue T. R. (n. 15). OR. F. D. C.

1179. Variété de la même pièce; exergue. S. M. AQ. AQ. (n. 16). OR. T. B.

1180. ℟. VICTORIAE D. D. N. N. AVG. Victoire assise sur une cuirasse, tenant une couronne dans laquelle on lit VOT V. MVLT X.; exergue A. Q. (n. 5), médaillon, mod. 6. B.

1181. ℟. VIRTVS AVG. NOSTRI. Magnence debout à gauche, à ses pieds un captif (sup. n. 3). AR. B.

1182. ℟. VIRTVS EXERCITI. La Valeur debout à droite; exergue T. R. (n. 21). AR. F. D. C.

1183. ℟. SALVS. D. D. N. N. AVG ET CAES. Monogramme du Christ (n. 42). G. B. T. B.

1184. Lot de 19 grands, moyens et petits bronzes. B. et T. B.

DÉCENCE César, frère de Magnence (351-353).

1185. D. N. DECENTIVS CAES. Son buste nu à droite. ℟. SALVS D. D. N. N. AVG. ET CAES. Monogrammme du Christ dans une couronne (n. 20, var.). M. B. B.

1186. Lot de 7 moyens bronzes. B. et T. B.

CONSTANCE GALLE, César (351-354).

1187. D. N. FL. CL. CONSTANTIVS NOB CAES. Son buste nu à droite. ℟. GLORIA ROMANORVM. Victoire passant à gauche (n. 19), B. R. médaillon. F. D. C.

1188. Lot de 4 moyens et 1 petit bronze. B. et T. B.

JULIEN II, César (355-360).

1189. D. N. CL. IVLIANVS NOB. CAES. Son buste nu à droite. ℟. FEL TEMP REPARATIO. Julien debout terrassant un cavalier (n. 67). P. B. T. B.

JULIEN II, EMPEREUR (360-363).

1190. FL. CL. IVLIANVS P. F. AVG. Son buste diadémé à droite. ℟. VOT V MVLT X dans une couronne (n. 37). AR. T B.

1191. Lot de 3 autres pièces. AR. et B. T. B.

1192. ℟. SECVRITAS REIPVB. Bœuf A. pis à droite, 3 pièces (n. 74). M. B. B. T. B. et F. D. C.

1193. ℟. GENIO ANTIOCHENI. La ville d'Antioche assise, (n. 54). P. B. B.

1194. ℟. VOTA PVBLICA. Harpocrate debout à gauche (n. 94). P. B. F. D. C.

1195. ℟. Même légende. Isis debout à gauche (n. 101). P. B. T. B.

1196. ℟. Même légende. Le Nil couché à gauche (n. 128). P. B. Q. T. B.

1197. Même pièce, Le buste de Sérapis de face (sup. n. 14.) P. B. Q. T. B.

1198. ℟. VOTA PVBLICA. Anubis debout à gauche (n. 124). P. B. F. D. C.

1199. Même pièce d'un plus petit module. P. B. Q. T. B.

1200. ℟. VOT MVLT XX dans une couronne. P. B. T. B.

JULIEN II et HÉLÈNE.

1201. DEO SARAPIDI. Bustes accolés de Julien et d'Hélène à droite, sous les traits de Sérapis et d'Isis. ℟. VOTA

PVBLICA. Isis assise de face allaitant Horus (n. 2).
P. B. T. B.

1202. ℟. Même légende. Isis sur un chien courant, à droite (n. 6). P. B. T. B.

1203. ℟. Même légende. Sérapis debout, à gauche, relevant une figure prosternée (n. 10). P. B. B.

1204. ℟. Même légende. Anubis debout à gauche, 2 pièces (n. 11). P. B. T. B.

1205. Mêmes bustes. ℟. Usé et XVI gravé en creux.
Tessère. P. B. T. B.

HÉLÈNE, femme de Julien II.

1206. ISIS FARIA. Buste d'Hélène sous les traits d'Isis de face. ℟. DEO SARAPIDI. Sérapis assis à gauche (n. 1).
P. B. Q.

1207. Même buste. ℟. VOTA PUBLICA. Harpocrate debout à gauche (n. 4). P. B. Q. B.

1208. ISIS FARIA. Même buste de profil. ℟. Le même, deux pièces (n. 2). P. B. Q.

1209. ℟. VOTA PVBLICA. Isis allant à gauche (n. 9).
P. B. Q. F. D. C.

1210, ℟. Même légende. Isis dans un bige allant à gauche (n. 10). P. B. B.

1211. ℟. Même légende. Isis dans une galère allant à droite, 2 pièces (n. 15) P. B. Q. T. B.

1212. ℟. Même légende. Anubis allant à gauche (n. 24).
P. B.

1213. ℟. Même type (variété inédite). P. B. Q. B.

1214. Variété, la tète d'Hélène à droite sans le cistre (var. inédite). P. B. T. B.

1215. ℟. VOTA PVBLICA. Le Nil assis à gauche, tenant une galère (n. 28). P. B. F. D. C.

JOVIEN, an 363, règne 7 mois.

1216. D. N. IOVIANVS PF. P. AVG. Son buste diadémé à droite. ℟. SECVRITAS REIPVBLICAE. Rome et Constantinople assises soutenant un bouclier avec VOT V MVL X. exergue SIRM (n. 8). OR. F. D. C;

1217. ℟. VOT. V, MVLT X dans une couronne; exergue S. M. N. (n. 13). AR. T. B.

1218. ℟. VICTORIA ROMANORVM. Jovien debout à droite tenant un étendard (n. 20). G. B. T. B.

1219. ℟. VOT V MVLT X dans une couronne (n. 32). P. B. F. D. C

VALENTINIEN I (364-375).

1220. D. N. VALENTINIANVS P. F. AVG. Son buste diadémé à gauche. ℟. RESTITVTOR REIPVBLICAE. Valentinien debout tenant le labarum (n. 23). OR. T. B.

1221. ℟. VICTORIA AVGVSTORVM. Victoire assise écrivant VOT V MVLT X dans une couronne; dans le champ, O. B. (n. 38). OR. T. B.

1222. ℟. VIRTVS EXERCITVS. Valentinien debout; exergue SISC. P. (n. 11). AR. Médaillon F. D. C.

1223. ℟. RESTITVTOR REIP. Valentinien debout à droite (n. 19). AR. F. D. C.

1224. ℟. VRBS ROMA. Même type; exergue R. Q. plus une autre pièce (n. 64). G. B. T. B.

1225. ℟. VOTA PVBLICA. Anubis debout à gauche (n. 62). P. B. F. D. C.

VALENS (364-378).

1226. D. N. VALENS P. F. AVG. Son buste diadémé à droite. ℟. RESTITVTOR REIPVBLICAE. Valens debout tenant le labarum (n. 31). OR. B.

1227. VICTORIA AVGVSTORVM. Vic'oire| allant à gauche (n. 45). OR. Q. F. D. C.

1228. VIRTVS EXERCITVS. Valens debout à gauche; exergue TR. P. S (n. 17). AR. Médaillon F. D. C.

1229. Même pièce; exergue TES (n. 19). AR. Médaillon F. D. C.

1230. ℟. VOTIS X MVLTIS XV en quatre lignes dans une couronne; exergue S. M. L. A. P (n. 22). AR. Médaillon F. D. C.

1231. ℟. VRBS ROMA. Rome assise à gauche, id. TR. P. S (n. 62). AR. F. D. C.

1232. ℟. RESTITVTOR REIPVBLICAE. Valens debout à droite tenant la Victoire (n. 70). G. B. T. B.

PROCOPE, tyran, an 365, règne 8 mois.

1233. D. N. PROCOPIVS P. F. AVG. Son buste diadémé à gauche. ℟. REPARATIO FEL TEMP. Procope debout, à ses pieds un captif (n. 13). P. B. B.

GRATIEN (367-383).

1234. D. N. GRATIANVS P. F. AVG. Son buste diadémé à droite. ℟. VICTORIA AVGG. Gratien et Valentinien II assis, couronnés par la Victoire ; exergue TR. OB. T (n. 24). OR. T. B.

1235. ℟. VIRTVS EXERCITVS. Gratien debout tenant le labarum (n. 6). AR. Médaillon F. D. C.

1236. ℟. VOTIS V MVLTIS X dans une couronne ; exergue S. M. L. A. P (n. 10). AR. Médaillon F. D. C.

1237. ℟. VRBS ROMA. Rome assise à gauche TR. P. S. 3 pièces (n. 46). AR. T. B.

VALENTINIEN II (375-392).

1238. D. N. VALENTINIANVS IVN P. F. AVG. Son buste diadémé à droite. ℟. VICTORIA AVGG. Valentinien et Gratien assis, couronnés par la Victoire. TR. OB. T (n. 16). OR. T. B.

1239. Même pièce sans le mot IVN. champ R. M. *ex.* COM (n. 17). OR. T. B.

1240. ℟. VICTORIA AVGVSTORVM. Victoire debout de face (n. 22). OR. Q. F. D. C.

1241. GLORIA ROMANORVM. Valentinien debout à droite tenant le labarum ; exergue LVG P. S. (n. 5). AR. Médaillon F. D. C.

1242. Lot de trois pièces d'argent. T. B. et F. D. C.

THEODOSE I (379-394).

1243. D. N. THEODOSIVS P. F. AVG. Son buste diadémé à droite. ℟. VICTORIA AVGGG. Rome assise de face, tenant un bouclier sur lequel on lit VOT V MVLT X (n. 13). OR. B.

1244. Lot de deux pièces d'argent. T. B. et F. D. C.

1245. Lot de 21 moyens et petits bronzes de Valentinien à Honorius. B. T. B. et F. D. C.

FLACCILLE, femme de Théodose.

1246. AEL. FLACCILLA AVG. Son buste diadémé. ℟. SALVS REIPVBLICAE. Victoire assise à droite (n. 5). 3 pièces deux M. B., une P. B. B.

1247. ℟. Même légende. Flaccille debout de face (n. 7). M. B. T. B.

MAGNUS MAXIMUS, tyran (383-388).

1248. D. N. MAG. MAXIMVS P. F. AVG. Son buste diadémé. ℟. RESTITVTOR REIPVBLICAE. Maxime debout de face ; exergue S. M. TR. (n. 6). 2 pièces. OR. F. D. C.

1249. ℟. VICTORIA AVGG. Maxime et Victor assis de face (n. 8). OR. T. B.

1250. ℟. VICTORIA AVGVSTORVM. Victoire allant à gauche ; exergue S. M. TR. (n. 10). OR. Triens T. B.

1251. ℟. VIRTVS ROMANORVM. Rome assise de face tenant un globe et un sceptre TR. P. S. (n. 12). 2 pièces. AR. T. B.

VICTOR, fils de Maxime (an 388).

1252. D. N. FL. VICTOR P. F. AVG. Son buste diadémé à droite. ℟. VIRTVS ROMANORVM. Rome casquée assise de face (n. 5). AR. T. B. et F. D. C.

1253. ℟. SPES ROMANORVM. Porte d'un camp (n. 7). P. B.

EUGÈNE, tyran (392-394).

1254. D. N. EVGENIVS P. F. AVG. Son buste diadémé à droite.

℞. VICTORIA AVGG. Eugène et *** assis de face, une Victoire les couronne ; champ L. D; exergue, COM. (n. 3). OR. T. B.

1255. ℞. VOT. V. MVLT X dans une couronne ; exergue, M. D. P. S. (n. 2, var. inéd.) AR. médaillon mod. 6. F. D. C.

1256. ℞. VRBS ROMA. Rome casquée assise à gauche (n. 7). AR. F. D. C.

ARCADIUS, associé à l'empire (383-394).

(MONNAIES FRAPPÉES EN OCCIDENT).

1257. D. N. ARCADIVS P. F. AVG. Son buste diadémé à droite. ℞. VICTORIA AVGG. Arcadius debout à droite foulant un captif ; champ, M. D ; exergue, COM. OB., pièce frappée à Milan (Sabatier pl. 4, n. 2). OR. T. B.

1258. ℞. VIRTVS ROMANORVM. Rome assise à gauche ; ex. TR. P. S. (id. n. 6). AR. T. B.

1259. ℞. VICTORIA AVGGG. Victoire allant à gauche (n. 7). AR. Q. T. B.

HONORIUS (393-423).

1260. D. N. HONORIVS P. F. AVG. Son buste diadémé. ℞. VICTORIA AVGGG. Honorius debout à droite ; à ses pieds un captif ; champ M. D. ; exergue, COM. OB (n. 21). OR. T. B.

1261. ℞. VICTORIA AVGVSTORVM. Victoire écrivant VOT XX MVLT XXX sur un bouclier (n. 29). OR. Q. T. B.

1262. Lot de trois pièces d'argent, mod. ord. et quinaire. T. B. et F. D. C.

CONSTANCE III, associé à l'empire, an 421, règne 7 mois.

1263. D. N. CONSTANTIVS P. F. AVG. Son buste diadémé à droite. ℞. VICTORIA AVGGG. Constance debout à droite, le pied sur un captif; champ, RV Ravenne ; exergue, COM. OB (n. 1). OR. B.

GALLA PLACIDIA, femme de Constance.

1264. D. N. GALLA PLACIDIA P. F. AVG. Son buste diadémé à

droite. ℞. Sans légende; monogramme du Christ dans une couronne; exergue COM. OB (n. 12).
OR. triens T. B.

1265. ℞. SALVS REIPVBLICAE. Croix (n. 16). P. B. Q.

CONSTANTIN III (407-411).

1266. D. N. CONSTANTINVS P. F. AVG. Son buste diadémé. ℞. VICTORIA AAVVGGG. Constantin debout à droite, le pied sur un captif, champ, L. D. ; exergue, COM. O. B. (n. 3). OR. T. B.

1267. ℞. VICTORIA AAAVGGG. Rome assise à gauche (n. 2).
AR. T. B.

JOVIN (411-413).

1268. D. N. IOVINVS P. F. AVG. Son buste diadémé à droite. ℞. RESTITVTOR REIPVB. Jovin debout à droite posant le pied sur un captif ; champ, T. R. ; exergue, COM OB (n. 1). OR. T. B.

PRISCUS ATTALUS (409-410, 415-416).

1269. PRISCVS ATTALVS P. F. AVG. Son buste diadémé. ℞. INVICTA ROMA AETERNA. Rome assise de face ; champ, R. M.; exergue, COM. OB (n. 3). OR. F. D. C.

JEAN, tyran (423-425),

1270. D. N. IOHANNES P. F. AVG. Son buste diadémé à droite, ℞. VICTORIA AVGVSTORVM. Victoire allant à droite R. V. COM. OB (n. 6). OR. triens B.

1271. ℞. VICTORIA AVGG. Victoire allant à gauche (n. 1).
AR. Q. T. B.

VALENTINIEN III (425-455).

1272. D. N. PLA. VALENTINIANVS P. F. AVG. Son buste diadémé à droite. ℞. VICTORIA AVGGG. Valentinien debout de face, le pied sur un dragon ; champ. RM. ; exergue, COM. OB (n. 11). OR. B.

1273. ℞. VICTORIA AVGVSTORVM. Victoire assise à droite

tenant un bouclier; à l'exergue, CON. OB. Monogramme du Christ et une étoile (n. 17). OR. Q. B.

1274. ℟. Sans légende, croix dans une couronne ; exergue, COM. OB (n. 18). OR. triens T. B.

1275. ℟. VICTORIA AVGGG. Victoire allant à gauche (n. 8). AR. B.

1276. ℟. VOT PVB. Porte d'un camp (n. 38). P. B.

HONORIA (Justa Grata), sœur de Valentinien.

1277, DN. IVST. GRAT. HONORIA AVG. Son buste diadémé à droite. ℟. Sans légende, croix dans une couronne ; COM. OB (n. 4). OR. triens B.

AVITUS (455-456).

1278. D. N. AVITVS PERP. F. AVG. Son buste diadémé à droite. ℟. VICTORIA AVGGG. Avitus debout de face le pied sur un captif ; champ, AR ; exergue, COM. OB (n. 1). OR. B.

1279. ℟. Sans légende, croix dans une couronne; COM. OB (n. 4). OR. triens T. B.

MAJORIEN (457-461).

1280. D. N. IVL. MAIORIANVS P. F. AVG. Son buste casqué à droite. ℟. VICTORIA AVGG. Majorien debout de face ; dans le champ, AR ; exergue CON. OB (n. 1). OR. T. B.

1281. ℟. Sans légende, croix dans une couronne; CON. OB. (n. 9). OR. triens.

1282. VICTORIA AVGGG. Victoire allant à gauche (n. 14). P. B.

SÉVÈRE III (461-465).

1283. D. N. LIBIVS SEVERVS P. P. AVG. Son buste diadémé à droite. ℟. VICTORIA AVGG. Sévère debout de face posant le pied sur le dragon ; champ, RA ; exergue, COM. OB (n. 6). OR. T. B.

1284. ℟. Sans légende, croix dans une couronne; CON. OB (n. 12). OR. triens.

1285. ℟. Sans légende, monogramme du Christ dans une couronne ; exergue, R M (n. 11). AR. T. B.

ANTHÉMIUS (467-472).

1286. D. N. ANTHEMIVS P. F. AVG. Son buste casqué de face. ℟. SALVS REIPVBLICAE. Anthémius et Léon debout soutenant un globe ; exergue, COM. OB (n. 5). OR. T. B.

1287. ℟. Sans légende, croix dans une couronne ; exergue, COM. OB (n. 21). OR. triens B.

1288. ℟. ANTHE en monogramme dans une couronne (n. 24). 2 pièces. P. B. B.

JULES NÉPOS (474-480).

1289. D. N. IVL. NEPOS P. F. AVG. Son buste diadémé à droite. ℟. Sans légende, croix dans une couronne; exergue COM OB (n. 10). OR triens.

ROMULUS AUGUSTUS, règne 10 mois (475).

1290. D. N. ROMVLVS AVGVSTVS P. F. AVG. Son buste casqué de face. ℟. VICTORIA AVG. Victoire debout à gauche; champ, étoile; exergue, COM OB (n. 2). fabrique barbare. OR. B.

MÉDAILLONS CONTORNIATES

1291. ALEXANDER MAGN. Buste d'Alexandre à droite, la tête couverte de la peau du lion. ℟. NVSMACON NOMINVS. Jeune homme assis sur un rocher à droite, se retournant à gauche (Cohen VI, page 553, n. 25). BR. Médaillon F. D. C.

1292. ANTONINVS PIVS AVG. Buste lauré de Caracalla à droite. ℟. Bacchus debout entre un joueur de flûte, une bacchante et deux enfants (id. page 580, n. 1). BR. id. T. B.

1293. Même buste. ℟. GERONTIVS vainqueur dans un quadrige allant à droite (id. n. 14). BR. id. T. B.

EMPIRE D'ORIENT (1)

ARCADIUS (395-408).

1294. D. N. ARCADIVS P. F. AVG. Buste armé et casqué de face. ℟. CONCORDIAAVG. Rome casquée assise de face ; CON OB (2) (pl. 3 n. 11). OR. F. D. C.

1295. ℟. SECVRITAS REIPVBLICAE. Victoire debout à gauche traînant un captif (n. 18). P. B. F. D. C.

EUDOXIE, femme d'Arcadius.

1296. D. N. AELIA EVDOXIA P. F. AVG. Buste d'Eudoxie, à droite, au dessus une main lui posant une couronne sur la tête. ℟. Sans légende, le monogramme du Christ dans une couronne (pl. V, n. 27). AR. T. B.

1297. ℟. SALVS REIPVBLICAE. Victoire à droite tenant un bouclier (pl. IV, n. 27). P. B.

THÉODOSE II.

1298. D. N. THEODOSIVS P. F. AVG. Buste casqué et armé de face. ℟. IMP XXXXII COS XVII P. P. Rome assise à gauche (pl. V, n. 1). OR. T. B.

1299. ℟. VOT XXX MVLT XXXX. Rome assise à gauche (n. 6). OR. F. D. C.

1300. ℟. CONCORDIA AVGG. Rome assise à droite (n. 13). P. B.

EUDOXIE, femme de Théodose II.

1301. AEL. EVDOCIA AVG. Buste d'Eudoxie à droite. ℟. Sans légende. Croix dans une couronne (id. n. 25). OR. triens. T. B.

(1) Les numéros que nous citons sont ceux des planches de l'ouvrage de Sabatier, Monnaies Byzantines, 2 vol. in-8, 70 planches.

(2) A partir de ce règne nous ne donnerons plus les lettres de l'exergue qui sont toujours CON, OB., à moins d'exception.

1302. ℟. SALVS REIPVBLICAE. Victoire asssise à droite (pl. VI, n. 4). P. B.

MARCIEN (450-457).

1303. D. N. MARCIANVS P. F. AVG. Buste casqué et armé de face. ℟. VICTORIA AVGGG. Victoire debout à gauche tenant une longue croix (pl. VI, n. 6). OR. T. B.

PULCHÉRIE, femme de Marcien.

1304. AEL. PVLCHERIA AVG. Buste de Pulchérie à droite. ℟. Sans légende. Croix au milieu d'une couronne (id. n. 16). OR. triens. T. B.

LEON I (457-474).

1305. D. N. LEO PERPET AVG. Son buste casqué de face. ℟. VICTORIA AVGG. Victoire debout à gauche tenant la croix, (id., n. 21). OR. B.

1306. Sans légende. Lion couché à gauche (n. 11). P. B. Q. B.

ZÉNON (474-491).

1307. D. N. ZENO PERP. AVG. Buste armé et cuirassé de face. ℟. VICTORIA AVGGG. Victoire debout à gauche tenant une longue croix (pl. VII, n. 18). OR. F. D C.

1308. ℟. Sans légende. Croix dans une couronne (id. n. 25). OR. triens T. B.

1309. ℟. Sans légende. Aigle éployé à gauche (pl. VIII, n. 5). AR. F. D. C.

BASILISCUS (476-477).

1310. D. N. BASILISCVS PERP. AVG. Son buste diadémé à droite. ℟. Sans légende, croix dans une couronne (n. 16). OR. triens B.

ANASTASE I (491-518).

1311. D. N. ANASTASIVS P. P. AVG. Son buste casqué et armé de face. ℟. VICTORIA AVGGG. Victoire debout à gauche tenant une longue croix (pl. 8, n. 25). OR. F. D. C.

1312. ℟. VICTORIA AVGVSTORVM. Victoire assise à droite écrivant VOT. P. C. sur un bouclier (id., page 153, n. 6). OR. Q. F. D. C.

1313. ℟. VICTORIA AVGVSTORVM. Victoire passant à droite (id. n. 27). OR. triens T. B.

1314. ℟..... MVILIS. Figure debout, pièce barbare. AR. B.

JUSTIN 1 (518-527).

1315. D. N. IVSTINVS P. F. AVG. Buste diadémé à droite. ℟. VICTORIA AVGGG. Victoire debout à gauche tenant une longue croix (pl. 9, n. 22). OR. triens T. B.

1316. ℟. Sans légende. C. N. dans une couronne (n. 24). AR. Q. F. D. C.

1317. ℟. ANNO PRIMO autour d'une croix (inédite), plus deux autres pièces. P. B. F. D. C.

1318. Lot de deux pièces barbares, imitations de Justin. OR. triens.

JUSTINIEN I (527-565).

1319. D. N. IVSTINIANVS P. P. AVG. Son buste casqué de face. ℟. VICTORIA AVGGG. Victoire debout à gauche tenant la croix (pl. 12, n. 2, var.). OR. F. D. C.

1320. VICTORIA AVGVSTORVM. Victoire debout de face (id. n. 5). OR. triens F. D. C.

1321. Même pièce. Imitation avec LX devant la tête. OR. triens T. B.

1322. Lot de cinq pièces d'argent, modules variés. T. B. et F. D. C.

1323. Lot de 6 pièces de bronze de tous les modules, plusieurs rares.

ROIS DES OSTROGOTHS

THÉODORIC I (493-526).

1324. D. N. ANASTASIVS P. F. AVG. Buste diadémé d'Anastase. ℟. Monogramme de Théodoric dans une couronne (pl. 18, n. 4). AR. B.

ATHALARIC (526-534).

1325. D. N. IVSTINVS. Buste de Justin à droite. ℟. D. N. ATHALARICVS REX en quatre lignes dans une couronne (id. n. 20). AR. B.

1326. INVICTA ROMA. Buste de Rome à droite. ℟. Même légende. Mars ? debout à droite appuyé sur sa haste et et son bouclier (id., n. 12), 2 pièces. P. B. T. B.

1327. ℟. D. N. ATHALARICVS; dans le champ V, plus une autre pièce (n. 14). P. B. T. B.

THÉODAHAT (534-536).

1328. D. N. IVSTINIAN. AVG. Buste diadémé de Justinien à droite. ℟. Monogramme de Théodahat (id. n. 27). AR. T. B.

1329. ℟. D. N. THEODAHATVS REX en 4 lignes dans une couronne (id., n. 28). AR. T. B.

1330. D. N. THEODAHATVS REX. Buste casqué. ℟. VICTORIA PRINCIPV. S. C. Victoire allant à droite (id., n. 24). G. B. T. B.

WITIGÈS (526-540).

1331. D. N. IVSTINIAN. AVG. Buste diadémé de Justinien. ℟. D. N. VVITIGES REX en quatre lignes dans une couronne (pl. 19, n. 1). AR. T. B.

BADUELA (541-552).

1332. D. N. ANASTASIVS. Buste d'Anastase. ℟. Monogramme de Baduéla dans une couronne (id. n. 13). P. B. T. B.

1333. D. N. BADVILA REX. Buste casqué du roi de face. ℟. Même légende en quatre lignes (id., n. 3). R. P. B.

THEIA (552-553).

1334. D. N. ANASTASIVS AVG. Buste d'Anastase à droite. ℟. D. N. THEILA REX en trois lignes dans une couronne (id. n. 23). AR. T. B.

1335. Lot de 5 G.B. autonomes de Rome et de 2 P. B. T. B. et F. D. C.

ROIS DES VANDALES

GUNTHAMUNDUS (484-496).

1336. D. N. REX GVNTHA. Buste diadémé du roi à droite. ℟. D. N. dans une couronne (pl. 20, n. 3). AR. T. B.

THRASAMUNDUS (496-523).

1337. D. N. RG. TRASAMVNS. Buste diadémé à droite. ℟. D. N. dans une couronne (id., n. 7). AR. T. B.

HILDERICUS (523-530).

1338. D. N. HILDERIC REX. Buste diadémé du roi à droite. ℟. FELIX KART. C. La Province debout de face (id., n. 11). AR. T. B.

GÉLIMARUS (530-534).

1339. D. N. REX GEILAMIR. Buste diadémé du roi à droite. ℟. D. N. dans une couronne (n. 18). AR. B.

JUSTIN II (565-578).

1340. D. N. IVSTINVS P. P. AVG. Buste de Justin casqué de face. ℟. VICTORIA AVGGG. Rome assise de face (pl. 21, n. 1). 2 pièces. OR. T. B.

1341. ℟. FELIX RESPVBL. en trois lignes dans une couronne (id., n. 3). AR. T. B.

JUSTIN II ET SOPHIE

1342 D. N. IVSTINVS P. P. AVG. Justin et Sophie assis de face. ℟. M. ET ANNO XIII (pl. 22, n. 2). G. B. T. B.

1343 Même pièce avec K ET ANNO X. (id., n. 4) M. B. T. B.

TIBÈRE II CONSTANTIN (578-582)

1344 D. N. TIB. CONSTANT. P. P. AVG. Buste de face. ℟. M. ET ANNO V (pl. 23, n. 3). G. B. F. D. C.

1345 Même pièce avec XX (id. n. 11). P. B. T. B.

MAURICE (582-602).

1346 D. N. MAVRI. TIB. P. P. AV. Busque casqué de face. ℟. VICTORIA AVGG. Victoire debout de face (pl. 24, n. 10). OR. T. B.

1347 ℟. V.CTORIA AVGVSTORVM. Même type (page 239, n. 5). OR. triens T. B.

1347 ℟. VICTORIA VTOLY. Croix dans le champ. M. A. V. II. OR. triens T. B.

1349 Lot de 4 grands et moyens bronzes, dont un Phocas. T. B.

FOCAS (602-610).

1350 D. N. FOCAS PERP. AVG. Son buste diadémé de face ℟. VICTORIA AVGV. Victoire debout de face (id., n. 27). OR. T. B.

1351 ℟. Φ et K. Dans un cercle (pl. 26, n. 32). AR.

HÉRACLIUS CONSUL ET HÉRACLIUS CONSTANTIN.

1352 D. N. HERACLIVS CONSVLI P. A. Buste de face du père et du fils. ℟. VICTORIA CONSABIA. Croix sur 4 degrés (pl. 28, n. 1). OR. F. D. C.

HÉRACLIUS I, empereur (612-641).

1353. D. N. HERACLIVS P. P. AVG. Buste à droite. ℟. VICTORIA AVGVS. Croix sur un globe (id., n. 12). var. OR. Q. T. B.

1354. ℟. Sans légende. Croix dans une couronne (id., n. 19). 2 pièces. AR. T. B.

HÉRACLIUS I, HÉRACLIUS II ET EUDOCIE

1355. Légende rognée. Buste de face d'Héraclius. ℟. Sans légende. Buste de face de Constantin II et d'Eudocie (pl. 29, n. 15). AR. F. D. C.

HÉRACLIUS I ET HÉRACLIUS II.

1356. D. N. HERACLIVS ET HERA. CONST. P. P. AV. Bustes de

face de l'empereur et de son fils. ℞. VICTORIA AVGV. Croix sur quatre degrés (pl. 29, n. 18). 2 pièces OR. T. B.

1357. Même légende, les deux empereurs assis de face. ℞. DEVS ADIVTA ROMANIS. Croix posée sur un globe et trois degrés (id. n. 23). AR. T. B.

1358. Lot de 3 pièces de bronze des différents modules aux mêmes types.

HÉRACLIUS I, HÉRACLIUS II ET HÉRACLÉONAS

1359. Sans légende, les trois empereurs debout de face. ℞. VICTORIA AVGVS (pl. 31, n. 6). 2 pièces variées. OR. T. B.

CONSTANT II (661-668).

1360. D. N. CONSTANTIN. P. Buste de face de Constant II. ℞, VICTORIA G. N. Croix sur trois degrés; pièce très épaisse (pl. 33, n. 4). OR. T. B.

1361. ℞. VICTORIA AVGV. Même croix (id, n. 7). OR. Q. T. B.

1362. D. N. CONSTANTI. Buste diadémé à droite. ℞. (id. n.12). AR. Q. T. B.

1363. Lot de 12 pièces de bronze de Constant II et de sa famille. B. et T. B.

CONSTANTIN IV (669-685).

1364. D. N. CONSTANTINVS P. P. AV. Buste casqué de face. ℞. VICTORIA AVGVS. Croix sur trois degrés (pl. 36, n. 9). OR. F. D. C.

1365. Même pièce plus barbare. (id. n. 10). OR. triens B.

JUSTINIEN II RHINOTMÈTE (685-695, 705-711).

1366. D. N. IVSTINIANVS..... Justinien debout de face posant une croix sur des degrés. ℞. IXS CHS REX REGNANTIVM. Buste du Christ de face sur la croix (id., n. 3). OR. B.

TIBÈRE V ABSIMARE (698-705).

1367. D. N. TIBERIVS PE. AV. Buste de face de Tibère, portant la lance et un bouclier. ℟. VICTORIA AVGVS. Croix sur trois degrés (pl. 37, n. 24). OR. T. B.

FILÉPICUS BARDANES (711-713).

1368. D. N. FILEPICO P. P. Buste diadémé à droite. ℟. VICTORIA AVGG. Croix longue sur un globe (id., n. 17) fabrique barbare. OR. Q. B.

ARTÉMIUS ANASTASE II (713-716).

1369... SIVS MI. ARTEM. Son buste diadémé de face. ℟. VICTOR AVGVS. Croix sur un globe (id., n. 22). OR. Q. B.

LÉON III L'ISAURIEN (716-741).

1370. D. N. LEON PEAV. Buste de Léon de face, la droite levée. ℟. VICTORIA AVSV. Croix sur trois dégrés (pl. 39, n. 7). OR. T. B.

LÉON III ET CONSTANTIN V.

1371. D. N. LÉON PA MVL. Buste de face de Léon tenant le globe. ℟. D. N. CONSTANTINVS L. Buste de face de Constantin tenant le globe (pl. 39, n. 23). Pièce trouée. OR Q. B.

1372. D. N. LEO P. A. MVL. Buste de face de Léon. ℟. D. N. CONSTANTINE. Buste de face de Constantin V (id., n. 27). OR. blanc T. B.

CONSTANTIN V ET LEON IV CHAZARE (751-755).

1373. CONSTANTINOS LEON... Bustes de face de Constantin V et de Léon IV. ℟. LEON P. A MVLT. Buste de face de Léon III (pl. 40, n. 16, var.). OR. B.

LEON IV ET CONSTANTIN VI (775-780).

1374. LEONVS... CONSTANTINOS. O. NEOS. Bustes de face de Léon et de Constantin VI. ℟. LEON PAP. CONSTANTINO PATHP. Léon III et Constantin V assis de face (pl. 41, n. 3). OR. B.

CONSTANTIN VI et IRÈNE.

1375. CONSTANTINOS CA..... Bustes de face de Constantin VI

et Irène. ℞. Légende confuse. Léon III, Constantin V et Léon IV debout de face (pl. 41, n. 7). OR. B.

NICÉPHORE ET STAURACE.

1376. NIÇIFOROS BASILE. Buste de face de Nicéphore. ℞. STAVRAÇIS DESPOIE. Buste de face de Staurace (pl. 41, n. 17 var.). OR. Q. B.

THÉOPHILE (829-842).

1377. ΘEOFILOS. Buste de face de Théophile. ℞. Mêmes légende et buste (id., n. 7). OR. F. D. C.

1378. Même pièce (id., n. 8). OR. Q. F. D. C.

BASILE I ET CONSTANTIN IX (869-870).

1379. BASILIOS ET CONSTANT. AVGG. Leurs bustes de face tenant une longue croix. ℞. IHSVS XPS REX REGNANTIVM. Le Christ assis de face (pl. 44. n. 22). OR. F. D. C.

CONSTANTIN X ET ROMAIN II (948-959).

1380. CONSTANT CE ROMAN AVGG IN. Bustes de face des deux empereurs. ℞. IHS XPS REX REGNANTIVM. Buste du Christ de face (id., n. 18). OR. F. D. C.

1381. Lot de dix moyens bronzes de Léon IV à Jean I. B. et T. B.

CONSTANTIN XII MONOMAQUE (1042-1055).

1382. CONSTANT BASILEVS RΟ. Buste de Constantin de face. ℞. Le Christ de face (pl. 49, n. 6). Pièce concave. OR. F. D. C.

1383. Même pièce, pièce épaisse (id., n. 10). OR. T. B.

ROMAIN IV, EUDOCIE, MICHEL, CONSTANTIN ET ANDRONIC (1067-1070).

1384. ROMAN EVΔK. Romain et Eudocie debout couronnés par le Christ. ℞. KON MIX ANΔ. Les trois fils d'Eudocie debout de face (pl. 50, n. 11). OR. B.

MICHAEL VII DUCAS (1071-1078).

1385. MIXAHA BACIA O. Δ. Buste de face de Michel. ℟. IC XC. Buste du Christ de face (pl. 51, n. 4), var. OR. T. B.

MANUEL I COMNENE (1143-1180).

1386. MANOHA O. ΔECΠOTH. Manuel et la Vierge debout. ℟. IC. XC. Le Christ de face (pl. 55, n. 7). OR. T. B.

1387. MANOYHA ΔHCΠOTH TO ΠOPΦVP.... Manuel debout de face. ℟. Buste du Christ (id., n. 8). 2 pièces. OR. T. B.

ANDRONIC I COMNENE (1182-1185).

1388. ANΔRONIKOC ΔECΠOTHC. Andronic debout de face, couronné par le Christ. ℟. MP etc. La Vierge debout de face les mains levées (pl. 57, n. 4). OR. B.

ISAAC II L'ANGE (1185-1195).

1389. ICAAKIOC ΔEC. Isaac et saint Michel debout de face. ℟. MP.ΘY. La Vierge assise de face (id., n. 16). OR. T. B

JEAN II, empereur de Trébizonde (1280-1297).

1390. IO.O. KON. Jean debout de face. ℟. OEVΓENI. Saint-Eugène debout (pl. 68, n. 3). AR. T. B.

1391. Sous ce numéro seront vendus plusieurs lots de médailles romaines, moyens et petits bronzes doubles de la collection, etc.

1392. Plusieurs lots de médailles grecques et romaines, fausses, argent et bronze.

1392 *bis*. Lot de 90 patine d'Égypte depuis Néron jusqu'à Maximien Hercule.

III

Monnaies françaises

MÉROVINGIENS

1393. **Rodez**? Sans légende. Buste de profil à droite. ℟. .... NIVS. Monogramme. OR. triens B.

1394. Localité incertaine. DIVIS FIVT. Buste de profil à droite. ℟. VICTVRIA AVGS. Ange debout à droite. OR. triens T. B.

CARLOVINGIENS

CHARLEMAGNE (768-814)

1395. **Melle**. CARLVS REX FR. Croix. ℟. METVLLO. Monogr. par K. 3 pièces denier et obole. AR. T. B.

1396. **Pavie**. CARLVS REX FR. Croix. ℟. PAPIA. Monogr. par C. AR. denier B.

CHARLES II, LE CHAUVE (840-877)

1397. **Angers, Orléans**, Courtisson, Le Mans, Quentovic. 11 pièces. AR. T. B. et F. D. C.

EUDES (887-898)

1398. **Limoges et Orléans**. 2 pièces denier AR. F. D. C.

ROBERT ou RAOUL

1399. Légende confuse, dans le champ. EOX. ℟. PARISI CIVITA en deux lignes. Pièce très rare. AR. denier T. B.

CHARLES III le SIMPLE (893-929)

1400. **Melle**. CARLVS REX R. Croix. ℟. METALO, en 2 lignes dans le champ. 3 pièces. AR. denier.

CAPÉTIENS

ROBERT LE PIEUX (996-1031)

1401. **Laon**. ROBT. FRAN. REX. Tête barbare du roi de face. ℟. ADALBERO LAN. Buste de face également barbare de l'Evêque. AR. denier.

PHILIPPE Ier (1060-1108).

1402. **Orléans et Senlis**. 3 pièces. AR. denier.

LOUIS VI A LOUIS IX

1403. Gros et deniers tournois. 10 pièces. AR. B. et T. B.

PHILIPPE III A PHILIPPE VI

1404. Gros, demi-gros et deniers tournois, etc. 20 pièces. AR. T. B. et F. D. C.

JEAN II, DIT LE BON (1350-1364).

1405. *Mouton*. AGN. DEI. etc. Mouton allant à gauche. Sous ses pieds IOH REX. ℟. XPC, etc. Croix feuillue cantonnée de lis, etc. OR. T. B.

JEAN II A CHARLES VI

1406. Gros, deniers, blancs, etc. 9 pièces. AR. B. et T. B.

CHARLES VI ROI (1380-1422)

1407. KAROLVS. DEI. GRACIA FRANCORVM REX. Ecu aux trois lis couronné. ℟. XPC, etc. Croix. OR. T. B.

HENRI VI D'ANGLETERRE

1408. *Salut.* HENRICVS DEI GRA FRANCORV. Z. AGLIE REX. Deux écussons, l'un de France, etc. ℟. XPS, etc. Croix longue et accostée d'un lis et d'un léopard ; dessous H. OR. T. B.

CHARLES VII (1436-1461).

1409. *Gros blanc.* Florettes, etc. 15 pièces. AR. B. et T. B.

LOUIS XII (1497-1514).

1410. *Ecu au porc-épic de* 1507. LVDOVICVS, etc. Ecusson royal soutenu par deux porcs-épics. ℟. XPS, etc. Croix fourchée, cantonnée de deux L et de deux hérissons. OR. B.

1411. **Milan**. *Ducat ou teston.* LVDOVIC DG FRANCORVM REX. Buste à droite. ℟. MEDIOLANI DVX. Saint-Ambroise à cheval, dessous, écu aux trois lis. AR. F. D. C.

FRANÇOIS Ier (1514-1545).

1412. *Ecu du Dauphiné.* FRANCISCVS DEI GRACIA FRANCO REX. Ecusson rond de France et du Dauphiné. ℟. XPS. Croix fleurdelisée. OR. T. B.

1413. *Teston.* FRANCISCVS DEI GRA. FRANCORVM REX. Buste juvénile couronné à droite. ℟. XPS VINCIT, etc. Ecu couronné accosté de deux F. couronnés. AR. B.

HENRI II (1547-1559).

1414. *Teston au marteau.* HENRICVS, etc. Buste barbu, couronne fermée. ℟. XPS, etc. Ecu accosté de deux H couronnés. 3 pièces. AR. B. et T. B.

1415. *Demi-Teston.* Même type. Deux pièces. AR. B.

1416. *Teston au balancier.* Cuirasse damasquinée. ℟. CHRS. Écu couronné, sans accostement. A. R. T. B.

1417. *Teston du Dauphiné.* HENRICVS, etc. Buste à droite. ℟. XPS, etc. Écu de France et de Dauphiné, accosté de deux H couronnés. AR. T. B.

1418. Douzain, gros, liard, denier pour épouser. 5 pièces. B. et T. B.

CHARLES IX (1561-1574).

1419. *Écu au soleil.* CAROLUS VIII D. G. FRANCO REX. Ecu couronné. ℟. CHRISTVS REGNAT VINCIT ET IMPERAT. Croix fleurdelisée et évidée en cœur. OR. B.

1419. *bis. Teston et demi-Teston.* CAROLVS. Tête imberbe du roi à gauche. ℟. SIT NOMEN DNI. Écu couronné accosté de deux C couronnés. 4 pièces. AR. B. et T. B.

HENRI III (1574-1589).

1420. *Teston de* 1575. HENRICVS III D. G. FR ET POL REX. Buste lauré. ℟. SIT, etc. Écusson couronné accosté de deux H couronnés. AR. B.

1421. *Franc et demi-franc.* HENRICVS III D. G. FRAN ET POL REX. Buste lauré à droite, fraisé et cuirassé. ℟. SIT, etc. Croix feuillue et fleurdelisée avec H en cœur. 4 pièces. AR. B.

CHARLES X, ROI DE LA LIGUE (1589-1593).

1422. *Quart d'écu.* CAROLVS, etc. ℟. SIT NOMEN. Croix fleurdelisée. 2 pièces. AR. B.

HENRI IV (1589-1610).

1423. *Demi-franc et quart d'écu.* 4 pièces. AR. B.

1424. *Piéfort du douzain.* HENRICVS. Ecu accosté de deux H. ℟. SIT, etc. Croix échancrée cantonnée de deux couronnes. 1607. Tranche cannelée. Bil. T. B.

1425. *Piéfort en bronze du demi-tournois.* Tranche cannelée. F. D. C.

1426. Liards, doubles et simples tournois de France et du Dauphiné. 14 pièces. Cuivre.

LOUIS XIII (1610-1643).

1427. *Demi écu, quart d'écu, douzain.* 4 p. AR. B. et T. B.

1428. *Piéfort du douzième d'écu.* LVDOVICVS XIII, etc. Buste à d. ℟. SIT NOMEN etc., écu, tranche, LUDOVICO XIII etc. AR. F. D. C.

1429. *Piéfort du double tournois*. LOYS XIII, etc. Buste enfantin. ℞. DOUBLE TOURNOIS, trois l is, tranche cannulée. Cuivre. B.

LOUIS XIV (1643-1715).

1429 *bis*. *Quart d'écu*. SIT, etc. Ecu accosté de II–II. ℞. LVD, etc. Croix fleurdelisée. AR. B.

1430. *Ecu d'argent, demi-écu*, 12e *d'écu*. Buste poupard lauré et drapé à droite. ℞. SIT, écusson couronné. 7 p. AR. B.

1431. *Quarante-huitième d'écu*. Même type, 2 p. AR. T. B.

1432. *Écu aux trois couronnes*. LDV. Buste vieilli. ℞. SIT, etc. Trois grandes couronnes et trois lis remplissant le champ. AR. T. B.

1433. *Douzains, liards, deniers*, etc. 7 p. AR. et cuivre B. et T. B.

1434. *Siège de Lille*. 20 sols et 10 sols. 3 p. cuivre. B.

LOUIS XV (1715-1774).

1435. *Ecu, dit vertugadin*. LVD. etc. Buste enfantin drapé. ℞. SIT, etc. Ecu couronné. AR.

1436. *Ecu dit de Navarre*. LVD. Buste enfantin lauré et cuirassé. ℞. SIT. etc. Ecu couronné, écartelé de France et de Navarre. AR.

1437. *Quart d'écu, dixième, douzième*, etc. de différentes séries du règne. 10 p. AR. B. et T. B.

1438. *Sol, demi-sol, quart de sol*, etc. de différentes séries du règne. 13 pièces billon et cuivre. TB.

MONNAIES LOCALES.

1439. *Iles du Vent*, 12 *sols*. LVD. Tête du roi à droite. ℞. ISLES DV VENT 1731, en trois lignes AR. F. D. C.

1440. 6 *sols*. Même type. AR. F. D. C.

1441. **Pondichéry**. *Fanam et divisions*. Grande couronne dessus étoiles 4 pièces. AR. et cuivre

1442. *Sol des colonnies*, cuivre. F. D. C.

LOUIS XVI (1774-1793),

1443. *Louis dit aux palmes.* LUD XVI, etc., Buste jeune à g. CHRS, etc. Écusson carré avec sceptre, main de justice et deux palmes. OR. F. D. C.

1444. *Ecu de 6 livres.* Même légende et même buste. ℟. SIT, etc. Ecusson rond, couronné, avec palmes. 2 pièces AR. B.

1445. *Demi-écu, 24 sols, 12 sols et 6 sols.* Même type. 9 pièces. AR. B. T. B.

1446. Essai en bronze du louis de 1786. Tête senior à g. ℟. CHRS. REGN. VINC. IMPER. Ecusson carré de France et de Navarre. Cuivre. T. B.

1447. *Ecu dit de Calone. Essai de Droz.* LVD. XVI D. G. FR. ET NAV. REX. Tête diadémée à gauche. Chevelure bouclée, sans la couronne. ℟. SIT. etc. Deux L fleuronnés et affrontés, au milieu de trois lis, dessus une cou ronne, Pièce d'une extrême rareté. AR. F. D. C.

1448. *Essai en argent du louis.* Même buste, la tête nue. ℟. CHRS, etc. Ecus carrés de France et de Navarre; entre les écus une tête d'ange. AR. T. B.

PÉRIODE CONSTITUTIONNELLE (1789-1793).

1449. *Demi-écu constitutionnel. 3 livres.* Buste nu. ℟. RÈGNE DE LA LOI. Ange debout, accosté d'un faisceau et d'un coq. AR. F. D. C.

1450. 30 *sols.* 15 *sols.* 7 pièces. AR. B. et T. B.

1451. *Essai en bronze de l'écu constitutionnel* en 1791. (Duvivier) Cuivre. P. D. C.

1452. Essai en bronze du sol de 1791 LOVIS et buste à droite. ℟. LA NATION, etc., faisceau dans une couronne. Cuivre. F. D. C.

1453. *Deux sols, sol,* 6 *deniers.* 17 pièces cuivre B. et T. B.

MONNAIES LOCALES ET OBSIDIONALES.

1454. *Cayenne* 2 *sols* et *Bourbon* 3 *sols.* Isle du vent, 2 sous, 6 deniers. Bil. 3 p. F. D. C.

1455. *Liard, essai de Guiguero.* LVD, etc. Trois lis sous une Gloire fendant la légende. ℟. SIT, etc. Deux L feuillues et couronnées devant une Gloire céleste. 2 pièces. Bil. T. B.

RÉVOLUTION FRANÇAISE. — MONNAIES SANS NOM DE ROI.

1456. *Dixain fabriqué à Lyon?* MÉTAL DE CLOCHE. Dans le champ, DIXAIN. Un lis à l'exergue. ℞. 1791 dans une couronne civique. 3 pièces. F. D. C.

1457. *Monneron de 5 sols.* VIVRE LIBRE OU MOURIR. Fédération du 14 juillet. La France à d. Devant elle, officiers et soldats prêtant le serment. ℞. MONNERON FRÈRES NÉGOCIANTS A PARIS 1791. Dans le champ, MÉDAILLE DE CONFIANCE DE CINQ SOLS A ÉCHANGER CONTRE DES ASSIGNATS DE 50 L ET AU DESSUS L'AN III DE LA LIBERTÉ, en huit lignes. 7 pièces cuivre. Variées. B. et T. B.

1458. *Monneron de 2 sols.* LIBERTÉ SOUS LA LOI. Liberté assise à g., tenant un bonnet phrygien au bout d'une pique, le bras appuyé sur les tables de la Constitution, sur lesquelles on lit DROITS DE L'HOMME ART. V. Exergue, L'AN III DE LA LIBERTÉ. ℞. MONNERON. etc. (n. 31). 4 pièces cuivre. B. et T. B.

1459. *Caisse de bonne foi. Six blancs de Montagny.* CAISSE, etc. Deux mains soutenant deux piques. Dans le champ, 2 S. 6. D. B. B. SIX BLANCS. ℞. PAYABLE, etc. Buste casqué et cuirassé de Minerve à gauche. 3 pièces cuivre. B.

1460. *Un sol essai.* MÉTAL DE CLOCHE 1791. Deux écussons de France et de la République. ℞. LA NATION, LA LOI, LE ROI en quatre lignes dans une couronne de chêne. B.

1461. Même pièce plus épaisse. T. B.

1462. 5 *sols. Bon de Potter.* A LA MANUFACTURE DE PORCELAINE, RUE DE CRUSSOL POTTER 1792. ℞. B. P. 5 SOLS PAYABLES EN ASSIGNATS DE 50. AR. T. B.

1463. 20 *sols de Lefèvre Le Sage*, B. P. 20 SOLS, etc. ℞. LEFEBVRE LE SAGE, etc. La liberté assise à g. 10 *sols et* 5 *sols*. Même type, 3 pièces bil. T. B.

1464. *Monneron de* 5 *sols*. Type du n. 1457. Avec AN IV. T. B. Cuivre.

1465. *Monneron de 5 sols à l'Hercule.* LES FRANÇAIS SONT INVINCIBLES. Hercule assis devant le temple de la Sagesse. Exergue, L'AN IV DE LA LIBERTÉ. ℟. Légende du n. 1464. 3 pièces. Cuivre. T. B.

1466. *Monneron de 2 sols.* R. RÉVOLUTION FRANÇAISE 1792. Dans le champ, en 6 lignes, MÉDAILLE QUI SE VEND DEUX SOLS, A PARIS, CHEZ MONNERON PATENTÉ, 2 pièces cuivre. B.

1467. *Essai du sol républicain.* Type au génie. ℟. PIÈCE D'ESSAI 1792, au milieu d'une couronne 4 pièces. B. et T. B.

1468. *5 sols. Essai de Brézin.* LIBRE J'OFFRE LA PAIX. Liberté assise à g. sur les degrés de l'autel de l'Égalité. Exergue, L'AN IV DE LA LIBERTÉ. ℟. INVENTÉE PAR BRÉZIN, A PARIS, 1792, et dans le champ, en huit lignes, PIÈCE FRAPPÉE, etc. Sur la tranche, RÉPUBLIQUE FRANÇAISE. Cuivre. T. B.

1469. *Centime. Essai du même.* LIBERTÉ. ÉGALITÉ. Niveau surmonté d'un bonnet phrygien. Exergue, L'AN Ier DE LA RÉPUB. FRAN. ℟. Même légende dans le champ 2 pièces. Cuivre.

1470. *Cinq sols. Essai de Brézin.* Faisceau surmonté du bonnet phrygien dans une guirlande. ℟. Légende en huit lignes. Cuivre. F. D. C.

1471. *Monneron de 2 sols.* LA SAGESSE GUIDE LA FORCE. Type du n. 1432. A l'exergue, LA FIN DU DESPOTISME ℟. RESPUBLICA GALLICA ANNO I^{mo}. Pyramide. Cuivre. B.

1472. *Essai de Galle.* LIBERTÉ FRANÇOISE. Tête de la Liberté à gauche, les cheveux épars, ayant sur l'épaule une pique surmontée d'un bonnet. A l'exergue, L'AN I. DE LA R F. ℟. Dans une couronne de chêne, A LA CONVENTION NATIONALE PAR LES ARTISTES RÉUNIS DE LYON, PUR MÉTAL DE CLOCHE, FRAPPÉE EN M. D. CCXCII. Superbe pièce 6 pièces. Métal de cloche. B. et T. B.
Ce lot sera divisé.

1473. *Essai de décime.* LA LOI DES FRANÇOIS. Liberté assise, écrivant sur un livre CONVENTION; près d'elle un bouclier avec LIBERTÉ, etc. ℟. Dans une guirlande, ESSAI

AN II. Sur la tranche, LIBERTÉ... ÉGALITÉ... UNITÉ. Cuivre. 2 pièces. F. D. C.

1474. 5 *Décimes dit de Robespierre*. RÉGÉNÉRATION FRANÇAISE. Isis, assise à gauche sur une base carrée, fait jaillir de ses seins l'eau de la régénération ; au bas, un Conventionnel offrant une jatte de lait à un porte-drapeau ; à l'exergue, 10 AOUT 1793. ℞. RÉPUBLIQUE FRANÇAISE. Branches au milieu, 5 DECIMES L'AN II. 3 pièces. Cuivre. B. et T. B.

1475. 10 centimes d'essai. *République française*, faisceau et massue réunis par les replis d'un serpent. Cuivre. B.

1476. Sols, deux sols, décimes, etc. 29 pièces. B. et TB. Ce lot sera divisé.

MONNAIES LOCALES ET OBSIDIONALES

1477. *Le Vast, près Cherbourg* 10 *et* 5 *centimes émission de* 1793? FABRIQUE DU VAST. P. G. FONTENILLIAT. Dans le champ 10 CENT. ℞. lisse. 3 pièces. F. D. C.

1478. Siége de Mayence, 4 sols, 2 sols et sol. Cuivre, 9 pièces. B. et T. B.

1479. *Cinq francs*. UNION ET FORCE. Hercule debout unissant la Liberté et l'Egalité. ℞. RÉPUBLIQUE FRANÇAISE dans une couronne formée de chêne et d'olivier. 5 FRANCS L'AN 5, frappé en essai. AR. F. D. C.

1480. *Dix sols de Muller*. FORCE A LA LOI. Hercule debout à gauche posant un bouclier sur une colonne. ℞. NOUVEAU MÉTAL A SIX DENIERS DE FIN COMPOSITION DU C. MULLER en cinq lignes. Bil. T. B.

1481. *Essai de* 5 *francs de Gatteaux*. PIÈCE FRAPPÉE EN VIROLE PLEINE PAR UN NOUVEAU PROCÉDÉ, en cinq lignes. ℞. PRÉSENTÉ A L'ADMINISTRATION DES MONNAIES PAR M. GATTEAUX SERR. MÉCA. DE L'ADM. AN DIX. Cuivre. F. D. C.

BONAPARTE, 1er Consul.

1482. 5 *francs*. BONAPARTE PREMIER CONSUL. Tête nue à gauche. ℞. RÉPUBLIQUE FRANÇAISE AN XI ET AN XII. 5 francs, une couronne. 3 pièces. AR. F. D. C.

1483. *Demi et quart de franc*. Même type. 2 pièces. T. B.

1484. *Module du* 5 *francs*. Tête du n. 1482, variée d'expression. ℟. LE Ier CONSUL VISITE L'HÔTEL DES MONNAIES LE 21 VENTOSE AN XI, en six lignes. Tranche cannelée. AR. F. D. C.

MONNAIES OBSIDIONALES, ETC.

1485. **Piémont**. 20 *francs*. L'ITALIE DÉLIVRÉE A MARENGO. Buste de Minerve casquée et drapée à gauche. ℟. LIBERTÉ, ÉGALITÉ ÉRIDANIA. 20 FRANCS, L'AN 10, dans une couronne. OR. T. B.

NAPOLÉON I, EMPIRE FRANÇAIS (1804-1814).

1486. *Cinq francs* AN XIII, 1806, 1810. 4 pièces. AR. T. B.
1487. 2 *fr*. 1 *fr*. 1/2 *fr*. 1/4 *fr*. AR. 29 pièces B. et T. B.
1488. Procédé de Gengembre. AR. T. B.
1489. 10 *c*. Esssai. 3 p. AR. et cuivre. B. et T. B.
1490. 10 *centimes* courants. 4 p. Bil. T. B.
1491. **Ile Maurice** 50 et 25 *sous*. En légende, REÇU AV BUREAU DU TRÉSOR. ℟. GOUV. DE MAURICE ET DEP. Deux palmes. 2 p. AR.
1492. **Strasbourg**, *décime*. 2 p. T. B.
1493. **Anvers**. 10 *centimes* et 5 *cent*. 3 p. T. B.

ROYAUME D'ITALIE. — NAPOLÉON Ier (1805-1815).

1494. *Soldo*. REPVBLICA ITALIANA. Balance, épée et palme, en bas 1804 III. ℟. Dans une couronne, SOLDO, au bas, DENARI, 10, M. Milan, MEZZO SOLDO, 2 DENARI. 3 pièces cuivre. F. D. C.
1495. *Soldo*, 1[2 *soldo et quart*. Même légende. Gerbe d'épis et ANNO II. ℟. SOLDO DA DENARI, 5, DENARI II et DENARI. 3 pièces cuivre. F. D. C.
1496. *Lire*, 15 *soldi*, 10 *soldi*, 5 *soldi*. 5 p. AR. B. et T. B.
1497. 10 *centesimi*, *soldo*, *mezzo soldo*, *centesimi*. Bil. et cuivre. 9 p. B. et T. B.

FAMILLE DE L'EMPEREUR NAPOLÉON

MARIE-LOUISE, DUCHESSE DE PARME.

1498. 5 *lire*. MARIA LUIGIA PRINC IMP ARCID D'AUSTRIA. Buste à g., dessous 1815. ℟. PER LA GR. DI DIO DUCH. DI PARMA PLAC ET GUAST. Ecussons de France, Autriche, etc., sur un manteau couronné; dessous, 5 LIRE. AR. F. D. C.

1499. 5 *lire*, 2 *lire*, *lire*, 10 et 5 soldi, sol, etc. et 3 pièces de cuivre de Félix et Elisa. 10 pièces. AR. et Æ. B. et T. B.

LOUIS-NAPOLÉON, ROI DE HOLLANDE (1806-1810).

1500. *Essai d'un écu ?* PIÈCE D'ESSAI FRAPPÉE EN VIROLE PLEINE. ℟. SOUS LES BALANCIERS DESTINÉS, etc. et un autre essai avec la tête. 2 pièces. Cuivre. B.

1501. 20 *gulden*. Essai tête nue à gauche. ℟. Ecu couronné accosté de 20 G. N. avec tranche 1808, cuivre plus un demi-*stuiver*. B.

MURAT, ROI DE NAPLES ET DES DEUX-SICILES (1813-1815).

1502. 5 *lire*. GIOACCHINO NAPOLEONE 1813. Tête nue à gauche. ℟. REGNO DELLE DUE SICILIE. Dans la couronne, 5 LIRE et 1 LIRE. 2 pièces. AR. T. B.

JÉROME-NAPOLÉON, ROI DE WESTPHALIE (1807-1813)

1503. *Thaler*. Tête laurée, ℟. KOENIG, etc. en cinq lignes, X EINE FINE MARK C. 1810. AR. T. B.

1504. 40 *frank*. HIERONYMUS NAPOLEON. Tête laurée à g. ℟. KOENIG V. WESTP FR PR. Dans la couronne, 40 FRANK 1813. Essai. OR. F. D. C.

1505. 20 *frank*. Même type, monnaie courante. OR. B.

1506. 1 *frank*. Même type. AR. F. D. C.

1507. Séries des pièces de cuivre avec H. N. frappes courantes et essais. 13 pièces. Æ. T. B. et F. D. C

BERTIER, PRINCE DE NEUCHATEL.

1508. 5 *francs* d'essai. ALEXANDRE PRINCE DE NEUCHATEL. Tête nue à d. ℞. PRINCIPAUTÉ DE NEUCHATEL. Dans le champ, entre deux palmes couronnées, 5 FRANCS. A l'exergue, 181. Sur la tranche, POIDS VINGT-CINQ GRAMMES TITRE NEUF DIXIÈMES. Essai par Droz cuivre. F. D. C.

1509. 2 *francs*. Même type. 1814. Essai de bronze, avec tranche. F. D. C.

CHUTE DE L'EMPIRE FRANÇAIS.

INTERRÈGNE (4 AVRIL AU 3 MAI). — MÉDAILLES DES ALLIÉS.

1510. GALLIA REDDITA EVROPÆ. Trois lis sur un globe? dessous APRIL 1814. ℞. AU PACIFICATFUR DE L'EUROPE. Grand A, dessous I et PARIS. 8 pièces pour les trois Princes alliés. Cuivre. T. B. et F. D. C.

CENT JOURS. RETOUR DE L'EMPEREUR (MARS A JUIN 1815).

1507. 20 *francs*. NAPOLÉON EMPEREUR. Tête laurée à g, ℞. EMPIRE FRANÇAIS. Dans une couronne, 20 FRANCS; à l'exergue, 1815. OR. T. B.

1508. 5 *francs, essai de Droz*. NAPOLÉON EMPEREUR. Profil lauré à d., tête large, le front haut. ℞. Dans une couronne, 5 FRANCS, 1815. A. Tranche lisse. Essai. Cuivre. F. D. C.

1509. 2 *francs*, Courant. AR. F. D. C.

LOUIS XVIII (1814-1824).

1510. 20 *francs*. LOUIS, etc. 1814-1815, 2 pièces. OR. T. B.

1511. 40 *francs*. Essai de Droz, Tiolier et Gatteaux. 5 pièces. Æ. T. B. et F. D. C.

1512. 5 *francs*. Essai de Gatteaux à la tête laurée. AR. F. D. C.

1513. 5 *francs*. Essai de Droz, id. Æ. F. D. C.
1514. Francs et divisions. 7 pièces. AR. T. B. F. D. C.
1515. Essais de décimes et divisions, 10 cent. de la Guyane, etc. 7 pièces Æ. et Bil. T. B. et F. D. C.
1516. Strasbourg et Anvers, décimes, 5 pièces. T. B. et F. D. C.

CHARLES X (1824-1830).

1517. 20 *francs* CHARLES X, etc. Tête à droite. ℞. Ecu cerné de deux palmes. 20 F. OR. F. D. C.
1518. 2 francs et divisions. 11 pièces. AR. T. B. et F. D. C.
1519. Très beau lot d'essais des monnaies de bronze et de monnaies courantes. 15 pièces. Æ. T. B. F. D. C.

HENRI V

1520. 5 *francs*, HENRI V, ROI DE FRANCE. Buste jeune, à gauche. ℞. 5 *francs*, écu couronné, 1831. AR. F. D. C.
1522. 1 *franc*, *demi-franc*. 5 pièces. AR. F. D. C.

LOUIS-PHILIPPE I (1830-1848).

1523. 5 *francs*. LOUIS-PHILIPPE, etc. ℞. 5 FRANCS dans une couronne 1832, 1842, 1844. 3 pièces. AR. F. D. C.
1524. 2 *francs*. Très belle suite de diverses années, 9 pièces. AR. T. B. et F. D. C.
1525. *Franc* et divisions, 42 pièces. AR. T. B. et F. D. C.
1526. Série du *décime* et divisions. Essais de Domard, 1831. 5 pièces. Æ. F. D. C.
1527. Série dite au coq ; la double série, 10 pièces. Æ F. D. C.
1528. Essais et pièces courantes du *décime* et 5 cent. des Colonies, plus deux essais en étain, 10 pièces. Æ et Bil. T. B. et F. D. C.

RÉVOLUTION de 1848 (1848-1852).

1529. 5 *francs*. LIBERTE, etc. Hercule debout, etc. ℞. REPVBLIQVE FRANÇAISE, 5 FRANCS. 3 pièces. AR. T. B. et F. D. C.

1530. 5 *francs*. Coins d'Oudiné, 3 pièces.
AR. T. B. et F. D. C.

1531. Choix de 16 pièces du concours. Étain et cuivre, 16 pièces.

LOUIS-NAPOLÉON, président (1850-1852).

1532. Buste de Napoléon Ier à droite. ℟. ESSAI DE BRONZE 1851 en trois lignes. 3 pièces, des trois modules. Æ F. D. C.

1533. 5 *francs*. LOUIS NAPOLEON BONAPARTE. Tête nue à gauche, 3 pièces des trois essais de fabrication.
AR. T. B. et F. D. C.

1534. 10 *centimes* avec REPUBLIQUE FRANÇAISE 1852, rare.
Æ F. D. C.

NAPOLEON III, Empereur (1852-1870).

1535. 10 *francs* et *cinq francs* en or. 5 pièces. OR. T. B.

1536. 5 *francs*, coins de Bouvet et de Barre. 2 pièces.
AR. T. B.

1537. 2 *francs* et divisions, 17 pièces. AR. T. B. et F. D. C.

1538. *Décimes* et divisions, 34 pièces. Æ T. B. et F. D. C.

MONNAIES BARONNALES

1539. *Bretagne, Angers, le Mans, Tours Vendôme, Châteaudun*, 10 deniers, plus : *Vendôme, Jean* et *Raoul d'Issoudun*, 2 oboles. 12 pièces.

1540. *Gien et Poitiers. Edouard, prince noir. Béarn, Rodez, Toulouse*, etc. Deniers et oboles. 11 pièces.

1541. *Raymond d'Orange*, florin. *Provence, Lyon* et *Dombes*, gros et deniers. 5 pièces.

1542. *Besançon, Charles-Quint, Eudes de Bourgogne*, denier; gros, *Jean sans Peur; blanc. Provins et Troyes*, deniers. 11 pièces.

1543. *Amiens, Abbeville* et *Lille*, deniers et mailles.
7 pièces.

1544. *Metz* et *Verdun. Bertrand, Etienne. Théodoric*, etc. un gros, 12 deniers. 13 pièces.

1545. *Alsace et Strasbourg*. Bracteates, gros. *Charles de*

Lorraine, écu, pièce de tir de 1576, demi-écu. 9 pièces.

1546. *Edouard* d'Angleterre. *Ferdinand et Isababelle*, écu sequin de Venise, *Pierre Gradonigo*. *Catherine de Russie*, deux petites pièces allemandes or et 2 pièces indiennes. 8 pièces. OR. B. et T. B.

1547. Une pièce d'or sicilienne avec légende latine. OR. T. B.

1548. Une petite plaque avec un cheval au repos, imitée de l'antique. OR. F. D. C.

1549. Sous ce numéro on vendra des lots de monnaies françaises et étrangères en argent et en cuivre.

1549 *bis*. Thaler, monnaie obsidionale de cuivre pour Charles XI de Suède; grande plaque carrée.

IV

Médailles modernes

FRAPPÉES, etc.

1550. *Henri II, Charles X, Henri III, Henri IV, Louis XIII.* Argent. T. B. 6 pièces.
1551. *Henri II, Henri III, Marie de Médicis.* Bronze. 3 pièces.
1552. *Louis XIV.* Belle grande pièce par *A. Benoît.* Br.
1553. Médailles du règne de *Louis XIV.* Bronze. 9 pièces.
1554. Médailles du règne de *Louis XV.* Bronze. 19 pîèces.
1555. Médailles du règne de *Louis XVI.* Bronze. 5 pièces.
1556. *République française.* Les Trois Ordres, Necker, le père Duchesne, etc. Etain. 9 pièces.
1557. Prise de la Bastille. Rentrée du Roi à Paris. A la Gloire de la Nation. Anniversaire de la prise de la Bastille. Etain. 8 pièces très bien conservées.
1558. Médailles pour la Fédération, à Paris le 14 juillet 1790. Bronzes dorés. 3 pièces variées.
1559. Pacte fédératif à Orléans. 1 jolie pièce bronze doré.
1560. Tribunal criminel, tribunal de première instance, tribunal d'appel. 3 pièces bronze.
1561. Louis XVI et Marie Antoinette repoussés. Liénard, encadrées, 2 pièces.
1562. Fer de la Bastille. District des Cordeliers. Lycée des arts. Temple de la Concorde. Calendrier républicain. Arg., br., fer, et étain, 6 pièces.
1563. *Le général Bonaparte, Consulat, Empire,* etc. Bronze. 27 pièces.
1564. *Louis XVIII.* La statue de Henri IV, le sceau du Roi et 8 pièces du règne. Bronze et étain. 11 pièces.
1565. *Charles X, le duc de Berry, le duc d'Angoulesme, Henri V,* etc. Bronze. 24 pièces.

1566. Visite à la monnaie des deux règnes précédents. Br. 13 pièces.

1567. *Révolution de 1830. Louis Philippe* et sa famille. Bronze et étain. 17 pièces.

1568. Médailles de grands hommes français et étrangers. Bronze. 42 pièces.

1569. Médailles de princes étrangers, Russes, Allemands, etc. Bronze. 27 pièces.

1570. Médailles espagnoles et proclamations. Br. 7 pièces.

1571. *Saint Urbain*. Collection des ducs de Lorraine. 37 magnifiques pièces comprenant le médaillon des alliances. Bronze. 37 pièces.

1572. *Nicolas de Vaudemont et Christine de Danemark, Francois III et Marie Thérèse*. 2 pièces rares et belles. Bronze.

1573. François III, Léopold et Stanislas. 4 beaux médaillons bronze.

1574. Baglivius. Malpighi. Bignon, la duchesse d'Orléans et Gozzadini. Bronze. 9 très belles pièces.

1575. Clément XI et Clément XII. Deux beaux médaillons très rares. Bronze.

1576. Une belle collection de médailles pontificales et religieuses. Bronze. 50 pièces.

JETONS.

1577. *Henri II, Marie de Médicis et Louis XIV*. Trois jolis jetons d'argent.

1578. *Louis XV et Louis XVI*. Jetons d'argent. 9 pièces.

1579. Bordeaux, Amiens, Orléans, Angers. Argent. 6 pièces.

1580. Un joli lot de jetons gothiques très bien conservés. Bronze. 20 pièces.

1581. Jetons royaux, de villes, de familles, etc. Bronze. 61 pièces.

1582. Plusieurs lots de médailles argent, cuivre, étain, médailles populaires, etc. (Ces lots ainsi que les précédents pourront être divisés.)

1583. Médailles des Padouans, une jolie suite de médailles bien choisies. Bronze. 21 pièces.

V

Médailles artistiques

Des XVe, XVIe et XVIIe siècles.

ALBERT ET ISABELLE, souverains des Pays-Bas. (1598-1633).

1584. ALBERTVS. D. G. ARCHID. AVST. D. BVR. BR. C. FL. DNS. FR. Buste à d. de l'archiduc Albert. ℟. ÉLISABETA. D. G. INF. HISP. D. BVR. BRA. C. FL. HOL. Z. F. Buste à g. de l'infante Isabelle. Br. 42 m. 2 pièces.

1585. S. ALBERT ET ÉLISAB. HISP. INF. D. G. ARCHID. AVST. DVC. BVRG. PRO. DVCAT. LOTH. BRAB. LIMB. MARS. IMP. L'archiduc et l'infante à cheval; dans le champ, cinq écussons. ℟. Lisse. Br. 115 m.

ALPHONSE FERDINAND, duc de Calabre, roi de Naples en 1494.

1586. ALFONSVS. FERDI. DVX CALABRIE. Buste cuirassé de face. ℟. NÉAPOLIS VICTRIX. OB ITALIAM AC FIDEM RESTITUTAM 1481. Entrée triomphale du roi à Naples. OPUS. AND. G. PRATENS (Andréa G. de Prato). Br. 59 m. Toutes les légendes en creux sont lisibles.

VICTOR AMÉDÉE, duc de Savoie (1587-1637).

1587. VICTOR AMEDEVS DVX SAB. PRINC. PED. REX. CIPR. Buste à dr.; sous le buste, A. DVPRÉ F. 1636. Gl. Pl. IX nº 1. ℟. Lisse. Br. 110 m.

ANNE D'AUTRICHE, reine de France (1615-1668).

1588. ANNA AVSTRIACA. FRANC. ET NAVAR. REGINA. Buste à dr.; sous le buste, LORFELIN. F. ℞. NON. EST. MORTALE. QVOD. OPTO. Une couronne dans les nuages, au-dessous, plusieurs rosiers fleuris. Br. 55 m.

AUGUSTE, empereur romain (Restitution).

1589. CAESAR. IMPÉRATOR. PONT. P. P. P. ET SEMPER AVGVSTVS VIR. Buste à dr. ℞. CONCORDIA AVG. S. C. L'empereur tenant un caducée, donnant la main à l'Abondance. CRISTOPHORVS. JIERIMIAE. (C. Jerimia). Br. 69 m.

NICOLAS DE BAILLEUL, surintendant des finances.

1590. NICO. DE BAILLEVL. PROPRAET. VRB. ET. PRAEF. AEDIL. CVRANTE. 1623. Tête à dr. ℞. Nymphe couchée près d'une source. AETENROS. PRAEBET. LVTETIA. FONTES. (Dupré.) 1623. Gl. Pl. 18, n° 4. Br. 50 m.

M. BARBERINI, cardinal.

1591. MAPH. S.R. L. D. CAR. BARBERIN. SIG. JVST. PRAEF. BONO LEG. Buste à dr. du cardinal, depuis Urbain VIII. G. DUPRÉ F. 1612. ℞. Lisse. Gl. Pl. 19, No 4. Br. 90 m.

D. BARDELLONI, abbé de Camaldoli en Toscane.

1592. S. ROMVALDO ET OMNIBVS, etc. Buste de face de Saint Romuald. ℞. 1631 7 ID. FABR. DESID. BARDELONNVS, etc. Br. doré. 50 m.

FRANCOIS DE BASSOMPIERRE, maréchal de France, né en 1579 mort en 1646.

1593. FR. A. BASSOMPIERRE. FRANC. POLEM. GLIS. HELV. PRAEF. Tête à dr. ℞. QVOD. NEQVEVNT. TOT. SIDERA. PRAESTAT. (DUPRÉ) 1633. Un phare éclairant plusieurs vaisseaux. Gl. Pl. 14. N° 4. Br. 56 m.

PIERRE BEIUS.

1594. PETRVS. BEIVS. SVPER. VBI EST. Buste à dr.; sous le buste AE. 55 1616. ℞. Lisse. Gl. Pl. 4. N° 2. Médaille ovale br. 62-51 m.

POMPONNE DE BELIÈVRE, chancelier de France né en 1529 mort en 1599.

1595. POMPONIVS. BELLIEVRÆVS ÆT. 68 1598 CON BLOC F. (Conrad Bloc). Tête à dr. ℟. DISCVTIT. VT CŒLO. PHŒBVS PAX. NVBILA 1598. Le Soleil dissipant les nuages. Gl. Pl. 53. N° 5. Br. 43 m. 2 pièces.

1596. POMPONIVS. DE. BELIEVRE. FRANCIÆ. CANCEL. ÆT. 71 (N. G. I. F. 1601). Buste à g. ℟. COLIT. HANC. RIGIDE. MODÉRATVR. ET. ISTAM. PIE, ÆQ. PVB. L'Équité et la Piété devant un autel. Gl. Pl. 53. N° 4. Br. 55 m.

ESTIENNETTE BERTON.

1597. ESTIENNETTE BERTON. Buste à dr., la tête coiffée de boucles qui tombent sur le cou, le buste très orné; sous le buste VARIN. Le haut relief de cette médaille est protégé par une très épaisse couronne. Cette belle médaille de la meilleure manière de Varin est inédite. Br. 140 m.

JACQUES BOICEAU de la Baroderie, surintendant des jardins royaux.

1598. IACQVES BOICEAV, S^r^. DE LA BARRAVDERIE AB. DUPRÉ. F. 1624. Buste à dr. ℟. Chenilles et papillons. NATVS. HVMI. POST. OPVS ASTRA. PETO. Gl. Pl. 18, N° 5 Br. 70 m.

1599. IAC. BOICEAV. Sr D. L. BARODERYE. IN. D. IARDINS. DV ROY. Buste à dr. 1630. ℟. HIC. LABOR INDE. FAVOR AGRICVLTVRA. L'Agriculture debout au milieu d'un jardin. Gl. pl. 60, n. 1, 46 m.

MARIN LE BOURGEOIS.

1600. MARIN LE BOVRGEOYS. PT. ET VALLET. DE CHAMBRE DV ROY 1633. Buste à g.; sous le buste. PH. PIQVOT. ℟. Lisse, médaille ovale. Br. 92-68. m.

NICOLAS BRULART, DE SILLERY, Chancelier de France (1544-1624).

1601. NI. BRVLARTVS A. SILLERY. FRAN. ET NAVAR. CANCEL.

Buste à dr. G. DUPRÉ, F. 1613. ℟. LABOR. ACTVS IN ORBEM. Le char d'Apollon. Gl. pl. 14, n. 1. Br. 71 m.

1602. NICOLAVS. BRVLARTVS. A SILLERY AET. 50. Buste à dr. CON. BLOC. F. 1598. ℟. DISCVTIT. VT COELO PHOEBVS PAX NVBILA. TERRI. 1498. Le Soleil dissipant les nuages. Gl. pl. 59, n. 2. Br. 43 m.

JEAN CALVIN, réformateur, 1509-1564.

1603. IOANNES CALVINVS, AE, 48, etc. Buste à gauche. ℟. Légende en 8 lignes commençant par ces mots : CAIN. OCCIT. ABEL, etc. Br. 58 m.

CATHERINE CAPALLA.

1604. CATHERINA CAPALLA. Buste à dr. ℟. CORALIT. Une branche de corail. Br. 69 m.

JEAN-BAPTISTE CASTALDI, général de Charles-Quint.

1605. IOBA. CAS. CAR. V. CAES FER. RO. REG. E. BOE. RE EXERCIT DVX P. P. R. Buste à gauche. ℟. TRANSILVANIA CAPTA. La Transylvanie couchée au pied d'un trophée et tenant une couronne. Br. 45 m.

JEAN CAVINO, médailleur padouan, 1500-1570. Bassiano Alexandre son associé, et Binavides, jurisconsulte.

1606. ALEXANDER BASSANVS ET ISHAN CAVINVS PATAVINI. Bustes accolés à droite. ℟. MARCVS MANT. BONAVIT PATAVIN IVR. CON. Buste à gauche. Br. 35 m.

CHARLES IX ou FRANÇOIS II, roi de France, 1560-1574.

1607. Sans lég., buste à dr. la tête coiffée d'une toque ornée d'une plume, le buste enveloppé dans un large manteau. ℟. Lisse; médaille ovale. Br. 80-70 mil.

CHARLES DE FRANCE, duc d'Aquitaine, frère de Louis XI, 1469-1472.

1608. DEVS KAROLVS MAXIMVS AGVITANORVM DVX ET FRANCORVM FILIVS. Le duc à cheval dans une couronne. ℟. DIVI JVDICVM TVVM, etc. Le duc assis sur un trône entre deux anges, à ses pieds un écusson écartelé de lis et de léopards. Br. 62 m.

CHARLES D'ANJOU, comte du Maine, frère du roi René, né en 1414, mort en 1472.

1609. KROLVS CENOMANIS COMES FILIVS PR. REGVM ALVPNVS REGIS PATER REGNI PRVDET, etc. Buste à droite. ℟. Une carte géographique représentant l'Europe, l'Asie et l'Afrique. FRANCISCVS LAVRANA FECIT. Br. 70 m.

CHARLES-EMMANUEL, duc de Savoie, 1580-1630.

1610. CAROLVS-EMAN. D. G. DVX SAB. P. P. Buste à gauche. ℟. OPORTVNE. Centaure. Br. 38 m.

CHARLES-QUINT, empereur d'Allemagne, 1510-1558.

1611. CAROLVS RO. IMPER. Buste à dr. dans un cercle formé de 14 écussons. ℟. 1521. Grand aigle à deux têtes dans un cercle formé de 14 écussons, en dessous N. Etain 70 m.

CHRISTINE DE LORRAINE, grande-duchesse de Toscane (1637).

1612. CHRISTIANA. PRINC. LOTH. MAG. DVX. HETRVR (Dupré). Tête à droite. ℟. Lisse. Gl. pl. 10, n. 2. Br. 92 m.

CLÉMENT XI, pape (1700-1721).

1613. CLEMENS. XI, PONT. MAX. AN VII. Buste à dr. Sous le buste C. DVBVT. F. ℟. Lisse. Br. 130 m.

HENRI DE BOURBON, prince de Condé, 1588-1646.

1614. HENR. BORBO. PRINC. REG. SANG-PRINC. BVRGVND. ET. BITVR. PRO. REX. Buste à gauche ; sous le buste PAPILLON. ℟. ARTE ET MARTE. Hercule debout. 1632. Gl. pl. 39, n. 2. Br. 60 m.

Id. ET MARIE CHARLOTTE DE MONTMORENCY, sa femme.

1615. H. BOVRBON CONDAEVS PRIM. REGIAE FRANC. DOMVS PRINCEPS 1611. Buste à droite. ℟. CAR. MAR. MONMORANTIA PRINCIP. CONDAEI VXOR (Dupré). Buste à droite, Gl. pl. 8, n. 1. Br. 58 m.

JÉROME CORNELIO.

1616. HIER CORNELIVS. Buste à dr. ℞. PAVPERTATIS PATAVINAE TVTOR DEO ET OPT. FAC. 1540. Cornelio faisant une distribution aux pauvres. Br. 36 mil.

PIERRE COTHARDY, conseiller du roi, mort en 1505.

1617. PETRVS CORTHARDVS REGIVS ADVOCATVS. Buste à dr. ℞. ARS VIRTVS ET INGENIVM. Gl. pl. 54, n. 1. Br. 55 m.

J. A. V. DULCI, jurisconsulte, né en 1482.

1618. IO. AN. VIN. DVLCIVS IVR. CON. CAN. PATAVIN AETA 57. 1539. Buste à g. ℞. GENIO BENEVONENTIŒ DVLCIS. Génie sacrifiant sur un autel. Br. 35 m.

DELAUNAY, secrétaire du roi (XVIIIe siècle).

1619. N. DELAVNAY SECRÉTAIRE DV ROI ET MAGD BALLIN EPO. Bustes accolés de Delaunay et de M. Ballin son épouse. ℞. Lisse. Br. 88 m.

LA VALETTE D'EPERNON, gouverneur de la Provence, colonel général de l'infanterie (1554-1642).

1620. J. L. A. VALETTA. D. ESPERN. P. ET. TOT. GAL. PEDIT. PRAEF. Buste à dr. G. Dupré, 1607. ℞. INTACTVS. VTRINQVE. Lion entre une furie et un renard. Gl. pl. 15, n. 2. Br. 54 mil.

ERASME, célèbre écrivain, (1467-1536).

1621. ER. ROT. IMAGO AD VIVA. EFFIGIAE, etc. Buste à g. 1512. ℞. Lisse. Br. 103 m.

BORSO D'ESTE, duc de Ferrare (1413-1471).

1622. DIVVS BORSIVS DVX PRIMVS MVTINAE ET REGII PRINCEPS FERRARIAE MARCHIO AESTENSIS AE COMES RODIGE. Buste à gauche. ℞. Lisse. Br. 110 m.

HERCULE II D'ESTE, 1534-1559.

1623. DVX FERRARIAE III. Buste du duc avec les attributs d'Hercule. ℞. Lisse. Br. 62 m.

HIPPOLYTE D'ESTE, cardinal, 1509-1572.

1624. HIPPOLYTVS. ESTEN. S. R. E. PRESB. CARD. FERRAR FED. PARM. (Federigo Parmense). Buste à gauche. ℞. NE

TRANSEAS. SERVVM TVVM. Abraham prosterné devant les trois anges. Br. 44 m.

LIONEL D'ESTE, duc de Ferrare (1441-1450).

1625. LEONELLVS MARCHI. ESTENSIS. Buste à g. ℟. OPVS PISANI PICTORIS (Pisanello). Deux hommes nus portant une corbeille de fleurs. Gl. pl. 5, n. 1, Br. 68 m.

FRANCOIS DUC D'ANGOULÊME, depuis François I, roi de France.

1626. FRANÇOIS, DVC DE VALOIS, COMTE D'ANGOVLESME, AV X AN. D. S. EA. Buste à droite. ℟. NOTRISCO. AL BVONO. STINGO. EL REO MCCCCCIIII. Salamandre. Gl. pl. 6, n. 4. Br. 64 m.

FREDERIC GUILLAUME, duc de Saxe, etc.

1627. DEI GRATIA FRIDERICVS WILHELMVS DVX SAXONIAE LANDGRAVIVS. THVRINGIAE MARCHIO. MISMIÆ ET PRINCEPS HENNEBERGENSIS. Le duc à cheval à gauche, tenant un étendard ; il porte ainsi, que le cheval, une armure très ornementée. A l'exergue, 1586, le tout dans un cercle formé de 13 écussons. Magnifique pièce en argent doré. 84 m.

GALILÉE, célèbre mathématicien, (1564-1642).

1628. GALILEVS DE GALILEIS FLORENTINVS. Buste à gauche. ℟. ARCHIMÈDES. Br. 57 m.

CHARLES DE GONZAGUE, duc de Nevers et de Rethel (1627-1637).

1629. CAROLVS DVX NIVERNEN ET RETHELEN P. FRANCIÆ. Buste à dr. G. DVPRÉ. ℟. Lisse. Gl. pl. 10, n. 1. Br. 54 mil.

CLAIRE DE GONZAGUE, comtesse de Montpensier.

1630. CLARA DE GONZ. COMIT. MONTPENSIERI ET DELPHINA ALVIE. Buste à droite. ℟. Lisse. Br. 58 m.

JEAN FRANÇOIS DE GONZAGUE.

1631. IOHANNES FRANCISCVS GONZ. Buste à gauche. ℟. MARCHIO. COMES ROTE. Foudre. br. 36 m.

JEAN FRANÇOIS I DE GONZAGUE, marquis de Mantoue (1394-1544).

1632. IOHANNES FRANCISCVS DE GONZAGA PRIMVS MARCHIO MANTVE. CAPIT. MAXI ARMIGERORVM. Buste à g. ℟. J. F. de Gonzague à cheval, derrière un écuyer. OPVS PISANI PICTORIS. Gl. pl. 1 n. 2, br. 97. m.

JEAN FRANÇOIS II DE GONZAGUE (1466-1519).

1633. FRANCISCVS GONZAGA MANTVAE MARCHIO AC VENETIEXERC. IMP. Buste à gauche. ℟. OB RESTITAM ITALJAE LIBERTATEM OPVS SPERANDEI (sperandio). J. F. de Gonzague au milieu d'un groupe de soldats à pied et à cheval. br. 94 m.

FRANÇOIS IIII DE GONZAGUE, duc de Mantoue et Montferrat (1612).

1634. FRAN. IIII D. G. DVX MANT. V MONT. III AN I AET. XXVI. Buste à droite avec armure, la tête nue. G. DVPRÉ F. ℟. lisse. Gl. Pl. 9, n. 2, br. 162 m.

GUIOT DE CHARMEAU, prévôt des Marchands (1601).

1635. MESIR. ANTO. GVIOT. S[r] DE CHARMEAV ET DANSAC. Buste à g. G. DVPRÉ 1607. ℟. Ecusson. Gl. pl. XIX, n. 3, br. 53 m.

HENRI II, roi de France (1547-1559).

1636. HENRICVS II GALLIARVM REX INVICTIS P. P. Buste à droite. ℟ OB RES. IN ITAL. GERM. ET GAL. FORTITER AC FOELIC GESTAS. La Victoire et l'Abondance dans un char conduit par la Renommée; à l'exer. EX VOTO PVB 1552. Gl. pl. XII, n. 1, br. 54 m.

HENRI II, FRANÇOIS II, CHARLES-QUINT ET PHILIPPE II

1637. Bustes accolés de Henri II et de son fils. ℟. Sans lég. ℟. Bustes accolés de Charles-Quint et de Philippe II. Gl. pl. 14, n. 1. Médaille ovale, br. 35, 26 m.

HENRI II, CATHERINE DE MEDICIS ET CHARLES IX

1638. HENRICVS II GALLOR. REX INVICTISS. ET CATHARINA EIVS

VXOR. Buste en regard du roi et de la reine. ℟. CAROLVS IX GALLOR. REX EORVM FILIVS 1560. Buste du roi Charles IX à dr. Br. 37 m.

HENRI III, roi de France (1574-1589).

1639. HENRICVS III. D. G. FRANCOR. ET. POL. REX 1578. Buste à gauche. ℟. MANET VLTIMA COELO Trois couronnes. Gl. Pl. 22, n. 2, br. 34 m.

HENRI IV, roi de France, (1589-1610).

1640. HENRICVS. IIII. D. G. FRANCVRVM. ET. NAVARAE. REX. (1606 G. DVPRÉ). Buste à droite. ℟. lisse br. 120 m.

1640 bis. HENRICVS IIII. D. G. FRANCORVM ET NAVAR. REX. Buste de trois quarts. ℟. lisse. Gl. pl. 111. n. 2. br. 100 mil.

1641. HENRICVS. IIII. D. G. FRANC. ET NAVARRIA. Buste du roi à droite, 1602. ℟. SACRA FŒDERA MAGNI REGIS. Deux colonnes soutenant une couronne; sur le piédestal on lit : EX AVRO FRANCIGENA AN FAED. RINO. Alliance renouvelée avec les Suisses. Gl. Pl. 31. n. 2. br. 46 m.

1642. HENRICVS. IIII. FRANCOR. ET NAVAR. REX. Buste du roi à droite. ℟. PACE. TERRA MARIQVE PARTA. La Paix sacrifiant sur un autel. OPTI. PRIN. 1598. Gl. Pl. 29. n. 5. Argent. 41 m.

HENRI IV et MARIE DE MÉDICIS.

1643. HENR. IIII. R. CHRIST. MARIA AVGVSTA G. DVPRÉ F. 1603. Bustes accolés à droite. ℟. PROPAGO IMPERII, le roi et la reine se donnant la main, entre eux le dauphin, depuis Louis XIII. Gl. Pl. 3. n. 4. br. 66 m. 2 pièces.

L. HÉROARD, médecin du roi, 1628.

1644. L. HÉROARD. SEIGNEVR DE VAVGRIGNEVX. PREMIER MÉDECIN DV ROI. Buste de face. ℟. IOVE DIGNVS APOLLINIS ARTE. Ecusson, OB. XI. FEB. 1628. Br. 42 m.

L. HÉSSELIN, conseiller du roi.

1645. LVD. HESSELIN. REG. A CONS. ET OECON. AC. AERAR. DOMEST PRAEFERT. Buste à dr. ℟. SVPEREST DVM VITAM MOVETVR. Une arme à feu faisant explosion le tout dans une couronne. 62 m.

ISABELLE DE PORTUGAL

1646. DIVA. ISABELLA. AVGVSTA CAROLI. V. VX. Buste de trois quarts. ℟. Lisse. Br. 72 m.

ISOTTE DE RIMINI, femme de S. P. de Malatesta morte en 1470.

1647. ISOTE. ARIMINENSI. FORMA. ET. VIRTVTE ITALIE. DECORI. Buste à droite. ℟. Eléphant. OPVS MATHEI. DE PARTIS 1446. (Ouvrage de Matteo de Parti) Gl. Pl. 7. n. 2. br. 83 m.

AMBROISE JUNG, médecin.

1648. AMBROSIVS IVNG. ARTIVM ET MEDICINA DOCTOR. AN. AETATIS 57. Buste à droite. ℟. JVSTICIA NOSTRA CHRISTVS 1528. Ecusson, br. 68 m.

PIERRE JEANNIN, surintendant des finances, né en 1540 mort en 1622.

1649. PETRVS JEANNIN. REG. CHRIST. A. SECR. CONS. ET SAC. AERA. PRAEF. G. DVPRÉ. 1615. Buste à droite. ℟. lisse. Gl. Pl. 16. n. 2. br. 185 m.

LÉON X, pape (1513-1521).

1650. LÉON X, P. MAX. Buste à gauche. ℟. GLORIA ET HONORE CORONASTI EV. DE. Écusson. br. 76 m.

F. DE L'HOSPITAL, maréchal de France.

1651. F. DE L'HOSPITAL CROSNAY. EQ. TORQ. F. MARESC R. CATAFR. TR. CAMP. ET BR. PRAEF. Buste à droite. ℟. ETIAM. INVITO. FACTO. 1644. La Renommée dans un char traîné par deux coqs. Gl. Pl. 63. n. 7. br. 50 mil.

LOUIS XII, roi de France, (1498-1515).

1652. LVDOVIC. XII. FRANCORVM. REX MEDIOLANI DVX. Buste à gauche. ℟. VICTOR. TRIVMPHATOR. SEMPER AVGVSTVS. Porc-épic sous une couronne. Gl. Pl. 4. n. 2. Br. 34 m.

LOUIS XII ET ANNE DE BRETAGNE, née en 1476 morte en 1514.

1653. Buste à droite du roi, coiffé d'un mortier, orné d'une couronne de fleurs de lis, portant le collier de Saint-Michel. FELICE LVDOVICO. REGNANTE DVODECIMO. CAESARE. ALTERO. GAVDET. OMNIS NACIO. Champ orné de de fleurs de lis; à l'exergue, un lion. ℞. Buste à gauche d'Anne de Bretagne, coiffée d'un voile sur lequel est posée une couronne royale. LVGDVN. REPVBLICA GAVDETE. BIS. ANNA. REGNANTE BENIGNE. SIC. FVI. CONFLATA. 1499. Champ semé de fleurs de lis à gauche, d'hermines à droite; exergue, un lion. Gl. Pl. 5. n. 1. Br. 110 m.

LOUIS XIII, roi de France (1610-1643).

1654. LVD. XIII. D. G. FRANCOR. ET NAVARÆ REX. ℞. Lisse. Petit médaillon ovale avec le buste de trois quarts. Br. 45 et 38 m.

1655. LVDOVIC. XIII. D. G. FRANCOR. ET NAVARÆ REX. 1623. Buste à droite. G. DVPRÉ. ℞. VT GENTES TOLLAT QVE PREMAT QVE. La Justice assise. Gl. Pl. 6. n. 3. Br. 60 m.

1656. LVDOVICVS. XIII. FRANCORVM. ET NAVARÆ REX. Tête nue à droite, 1629. ℞. NON MARE NON MONTES FAMAM SED TERMINAT, ORBIS. Le roi en Hercule devant une ville située au bord de la mer. W. (J. Varin). Gl. Pl. 21. n. 1. Br. 40 m.

1657. LVDOVICVS. XIII. REX. GALLIAR. ET NAVARR. REX. Buste à gauche. ℞. SACRA BEARNI RESTITVTA temple. 1620. Gl. Pl. 37. n. 2. Br. 36 m.

1658. LVD. XIII. D. G. FRANCORVM ET NAVARÆ REX. Buste à droite. ℞. POSVRANT. HANC. FATA. MANVM. 1624. La façade du Louvre. Gl. Pl. 37. n. 6. Br. 32 m.

1659. LVDOVIC. XIII. D. G. FRANCORVM. ET NAVARÆ REX. Buste à droite. ℞. de la 3e P. DE M. N. DE BAILLIEVL etc. Le vaisseau de la ville de Paris. Gl. Pl. 38. n. 3. Br. 33 m.

1660. LVDOVICVS. XIII. D. G. FRANCORVM. ET. NAVARÆ REX. Buste à droite. 1624. OB AGVAS DÉDVCTAS. ℞. ABSQVE. TVIS. STARET. INANIS. AGVIS. Vaisseau voguant dans la mer. (DVPRÉ) Gl. Pl. 7. n. 1. 57 m.

1661. LVDOVICVS. XIII. D. G. FRANC. ET NAVAR. REX. Buste à à gauche. ℞. ALITER NON. VIRIBVS ALLIS. 1633. Deux masses de chancelier attachées par les cordons d'une clef. Gl. Pl. 39. n. 4. Br. 48 m. 2 pièces.

1662. LVDOVIC. XIII. D. G. REX. CHR. GALL. ET NAVAR. HENRI MAGNI FIL. P. F. AVG. Buste à droite. G. DVPRÉ 1610. ℟. ORIENS AVGVSTI TVTRICE MINERVA. ANN. NAT. CHR. 1610. La reine sous les traits de Miuerve et le roi sous ceux d'Apollon. Gl. Pl. 4. N° 5. Médaille ovale. Br. 55 m.

LOUIS XIII ET ANNE D'AUTRICHE, sa femme, née en 1602, morte en 1666.

1663. LVDOVIC. XIII. D. G. FRANCOR. ET NAVARÆ REX. Buste à droite. (G. DVPRÉ) 1623. ℟. ANNA AVGVS. GALLIÆ ET NAVARÆ REGINA. Buste à droite. Gl. Pl. 6. n. 4. Br. 60 m.

LOUIS XIV, enfant et ANNE D'AUTRICHE.

1664. ANNA. D. G. FR. ET. NAV. REG. REG. RE. MATER LVD. XIV. D. G. FRANCIÆ. ET. NAV. REG. CHR. Buste en regard d'Anne d'Autriche et du jeune roi. ℟. OB. GRATIAM. DIV. DESIDERATI. REGII ET. SECVNDE PARTVS. Façade du Val-de-Grâce. QVINTO. CAL. SEPT 1638. (VARIN). Gl. Pl. 22. n. 2. Br. 94 m.

1665. Même pièce sans le revers. Br. 94 m.

1666. LVDOVICVS. XIV. R. CHRISTI. ANNA. AVSTRIACA. AVGVSTA. Bustes acolés du roi et de sa mère. AB. DUPRÉ F. 1643. ℟. HÆC SOLEM PRŒVIA DVCIT. Le roi dirigeant le char du Soleil. Gl. Pl. 7. N° 5. Br. 50 m.

LOUIS XIV (1643-1715).

1667. BÉNÉDIC. DNE. POPVLVM. ETC. Buste à droite dans une couronne BERTINET. ℟. VIDETE OPÉRA DNI etc. PS. 45 1678. BERTINET IN. ET SCVLPSIT. ORTVS EST SOL. Le buste du Roi avec les attributs d'Apollon éclairant la campagne. 133 m.

1668. Sans légende. Buste à droite. Médaille ovale. ℟. lisse. Bronze. 68-50 m.

1668. *bis*. LOUIS XIV ROY DE FRANCE ET DE NAVARRE. Buste à dr. ℟. Lisse. Br. 60 m.

LOUIS, COMTE PALATIN.

1669 LVDOVIC. COMES. PALATI. RHENI, etc. Buste à droite. ℟.

FLOREAT SEMPER BAVARIÆ REGI. Femme debout tenant un écusson. Br 29 m.

LUCAS, ABBÉ DE SAINT-BAVON.

1670. LUCAS. M. ABBAS. BAVONIS. GANDENSIS. AET. 66. Buste à dr. 1559. ℟. Lisse. Br. 68 m.

CHRISTOPHE MADRUZZO.

1671. CHRISTOPHOR. MADRVCIVS. CAR. AC. PRINC. TRIDENTI. BRICIÆ. Q. EPS. Buste à g. P. P. RO (Pietro Paulo Romano). ℟. Neptune couché à l'entrée d'un port. Bronze. 44 m.

SIGISMOND PANDOLPHE MALATESTA, seigneur de Rimini (1432-1468).

1672. SIGISMVNDVS PANDVLFVS DE MALATESTIS S. RO. ECLESIE CAPITANEVS G. Buste à g. ℟. CASTELLVM SISMVNDVM ARINVNENSE. 1446. Le château de Rimini. Gl. Pl. 4. N° 2. Br. 84 m.

1673. SIGISMVNDVS. PANDVLFVS. MALATESTA. PAN. F. Buste à gauche. ℟. PRÆCLAR. ARIMINI. TEMPLUM. AN. GRATIÆ V. F. 1450. Vue de l'Eglise d'Arimini. Gl. Pl. 3. N° 4. Br. 40 m.

1674. SIGISMVNDVS. P. D. MALATESTIS. V. R. ECLE C. GENERALIS. Buste à g. ℟. 1446 écusson. Gl. Pl. 3. N° 2 Br. 43 m.

1675. SIGISMVNDVS. PANDVLFVS. MALATESTA. Buste à gauche. ℟. PONTIFICI EXERCITVS. IMP. 1447. Une main tenant une palme. Gl. Pl. 3. N° 5. Br. 33 m.

MARIE THÉRÈSE, REINE DE FRANCE (1660-1683).

1676. MAR. THER. D. G. FR. ET NA. REGINA. Buste à droite. BERTINET 1683. Au revers, une légende en creux. Br. 91 m.

MARIE TUDOR (1554-1558).

1677. MARIA. I. REG. ANGL. FRANC. ET. HIB. FIDEI. DEFENSATRIX IAC. TREZ. (J. Trezzo). Buste à gauche. ℟. CECIS. VISVS. TIMIDIS. QVIES. La Paix assise brûlant des armes devant le temple de Janus, plusieurs personnages l'implorent. 2 pièces, une dorée. Br. 65 m.

MAXIMILIEN I, empereur d'Allemagne, 1459-1519.
Et Marie de Bourgogne.

1678. MAXIMILIANVS FR. CAES F. DVX AVSTR BVRGVND. Buste à droite. ℟. MARIA KAROLI F. DVX BVRGVNDIA AVSTRIA BRAB. C. FLAN. Buste à droite de Marie de Bourgogne Br. doré 48 m.

1679. DIVA MARIA DIV. S. MAXIMIL. REG BOHE CONJVXG. Bustes de Maximilien et de sa femme. ℟. ARTIBVS QUIRITA GLORIA. Minerve et Vulcain. Br. 48 m.

MAXIMILIEN II, empereur d'Allemagne, (1564-1576).

1680. MAXIMILIANVS D. G. BOHE REX. Buste à gauche. ℟. lisse. Br. 72 m

1681. Buste de trois quart de l'Empereur, les épaules couronne couvertes d'un grand manteau de fourrure, sur la poitrine la Toison d'or. Derriere la tête à dr. un ange, à g. le profil d'un Turc, sans doute Soliman II. Au-dessus des personnages, on lit les deux vers suivants. TE DECET O FELIX VLTRA PLVS PERGERE CESAR CESAREO PRESENS. DECIDET EN SE CAPVT. ℟. lisse, 105 m. Médaille, d'un grand style bonne conservation.

J. MAZARIN, cardinal, (1602-1661).

1682. JVLIVS. S. R. E. CARD. MAZARINVS. Buste à dr. P. C. A. G. A. E. ℟. HI DVO ILLE SOLVS. Hercule et Atlas portant le globe du monde. Gl. pl. 76, n. 5, br. 95 m.

AR. CH. MAZARIN. grand maitre de l'artillerie.

1683. Très longue lég. pour la consécratton par A. C. Mazarin du portail de Ste Catherine du val des écoliers à Paris, en 1661. 432 ans après la fondation de l'Eglise. ℟. Ecusson, en dessous deux canons, baril de poudre, boulets etc. 135 m, très bien conservée.

ALEXANDRE DE MÉDICIS, duc de Florence, 1532-1537.

1684. ALEXAN. MED. FLORENTIÆ DVC. I. Buste à droite ℟. lisse. Br. 87.

CATHERINE DE MEDICIS et ses trois fils, François II, Charles IX et Henri III.

1685. CATHAR. HEN. II VXOR FRAN. II CAROL. IX ET HEN. III

REG GALL. MATER. PIISS. Buste à droite de la reine. ℟. FRANCISC. II CAROL. IX REGIS. GALL. HENRIC III GALL. ET POL. REX. Buste des trois princes. Gl. pl. XX. n. 6, br. 54 m.

COSME I DE MEDICIS, grand duc de Toscane.

1686. COSMVS MED. FLORENT. ET SENOR DVX II. Buste à dr. ℟. ETRVRIA PACATA. L'Étrurie debout entre un lion et une louve. br. 40 m.

1687. Même légende et même tête. ℟. EXPLICANDO IMPLICATVR Deux mains tenant le nœud gordien. Br. 42 m.

1688. Même lég. et même tête. ℟. VICTOR VINCITVR. Guerrier remettant son épée au duc. Br. 41 m.

COSME II DE MEDICIS, grand duc de Toscane (1609-1621).

1689. COSMVS. II MAGN. DVX ETRVRIA IIII G. D. P. G. DVPRÉ 1613. Buste à droite. ℟. lisse. Gl. pl 10, n. 3, br. 90 m.

MARIE MADELEINE D'AUTRICHE, femme de Cosme II de Médecis.

1690. MAR. MAGDALENÆ. ARCH. AVST. MAG. D. ETR. G. DE (F. DUPRÉ), 1613. Buste à gauche. ℟. Lisse. Gl. P. 10, n. 3. Br. 90 m.

JEAN GASTON, grand-duc de Toscane (1723-1737).

1691. IOANNES. GASTO. I. D. G. MAG. DVX. ETRVRIÆ VII. Buste à droite. ℟. PER RAMOS VICTOR. Deux fleuves couchés, etc. Br. 88 m.

JULIEN DE MÉDECIS (1478-1516).

1692. IVLIANVS MEDICES. L. F. P. P. Buste à gauche. ℟. MAGNIFICENTIA ET PIETAE RECONCILIATIS CIVIBVS. La ville de Florence couchée, appuyée sur l'écusson des Médecis. Br. 77 m.

MARIE DE MEDICIS, reine de France (1593-1642).

1693. MARIA AVGVSTA GALLIÆ ET NAVARÆ. REGINA. G. DUPRÉ F. 1624. Buste à droite. ℟. Lisse. Gl. pl. 7, n. 2. Br. 102 m.

1694. MARIA AVG. GALLIÆ ET NAVARRÆ REGINA. Buste à droite (G. DVPRÉ), 1613. ℟. SERVANDO DEA FACTA DEOS.

La reine tenant le gouvernail du vaisseau de l'Etat sur lequel se trouvent les principaux dieux de l'Olympe. Gl. pl. 5, n. 4. Br. 62 m.

PH. MELANCTHON, réformateur, né en 1497, mort en 1568.

1695. PHILIPPVS MELANTHON. A AETATIS SVAE. 47. ℟. PSAL. 36, SVBDITVS ESTO. DEO ET ORA. EVM. ANNO 1543. Gl. pl. 16, n. 3. Br. 44 m.

LOUIS MOCENIGO, doge de Venise (1570-1577).

1696. ALOY. MOCEN. P. V. D. IO. IO TRIVMP. Buste à gauche. ℟. LIBERAT NVTRIT. CRET V. C. 1650. Plan d'une citadelle. Br. 48 m.

LOUIS, prince de Montalto et Alcala.

1697. ALOISIVS PRINCEPS. DVX MONTIS. ALTI. ET ALCALA. REGNI. SICILIAE PRO. R. Buste à droite ; sous le buste M. PIRIE. ℟. Lisse. Br. 60 m.

SÉBASTIEN MONTENIAC.

1698. SEBASTIANVS MONTENIAC. P. V. Buste à droite. ℟. RESTAVRATVM CASSIANVM SOL. ET IMPENSA. S. C. Une forteresse à demi ruinée. Br. 64 m.

HENRI II, duc de Montmorency (1594-1632).

1699. HENRI. DVX. DE MONTMORENCI PAIR ET ADMIRAL DE FRANCE. Ecusson des Montmorency. ℟. MVNERIBVS SOCIOS. VINCIT. VIRTVTE REBELLES. 1625. Vaisseau. Br. 47 m.

J. MOREL, proviseur du collège de Reims, à Paris.

1700. IO. MORELLVS. SCHOLÆ RHEM. PARIS. MODERAT. Buste à droite. ℟. ROS. AONIVS. MEL. LENE. Une fontaine et une ruche. Br. 76 m.

CORNELIUS MUSSUS, évêque de Bitonto, mort en 1574.

1701. CORNELIVS MVSSVS. EPVS. BOTVNT. Buste à gauche. ℟. SIC. VIRVS. A. SACRIS. Une licorne entrant dans une rivière. Au fond divers personnages et animaux. Br. 58 m.

PHILIPPE GUILLAUME D'ORANGE, comte de Nassau, dit le Taciturne (1533-1584).

1702. PHIL. G. D. G. PR. AVRACICAE. C. NASS. Buste à droite.

℞. SVSTINENDO. PROGREDIOR. Un vaisseau voguant. Gl. pl. 17, n. 3, Br. 40 m.

MAURICE D'ORANGE, comte de Nassau (1567-1625).

1703. MAVRITIVS PR. AVR. CO. NASS. CAT. MARC. VER. ET VLIS. Buste à droite ; sous le buste AET. 34, G. U. B. F. ℞. TANDEM. FIT. SVRCVLVS ARBOR. ANNO 1607. Un arbre au milieu d'une couronne. Argent, 34 m.

PIE II, pape (1458-1464).

1704. ENACAS. PIVS. SENENSIS PAPA SECVNDVS Buste à gauche. ℞. ALES. VT. HEC CORDIS. PAVI. DE SANGVINE NATOS. Un pélican nourrissant ses petits de son sang. Br. 53. m.

JÉROME PANICI et Lodovisi.

1705. HIERONYMVS. PANICVS. PAT. POMPINVS LODOVISIVS. BON. Buste à gauche. ℞. GENIO BENEVOLENTIÆ DVCIS. Génie sacrifiant sur un autel. Br. 37 m.

PHILIPPE II, roi d'Espagne (1546-1598).

1706. PHILIPPVS. REX. PRINC. HISP. AET. S. AN. 28. Buste cuirassé à droite. ℞. JAM. ILLVSTRABIT OMNIA. Appollon dans un quadrige à droite, traversant la campagne. (JACQVE TREZZO) 1555. Bronze doré, 68 m.

1707. PHILIPPVS. D. G. ET CAR. V. AVG. PAT. BENIGNIT. HISP. REX. Buste à gauche. (J. PAVL. POG. F.) ℞. VT QVIESCAT ATLAS. Hercule portant le globe terrestre. Br. 42 m.

C. PAGANO, sénateur de Milan, XVIIIe siècle.

1708. MARCH. CAES. PAGANVS. SENAT. MED. Buste à gauche. ℞. VIRTVS ROBORAT. Hercule debout. Br. 90 m.

PAUL II, pape (1464-1471).

1709. PAVLO VENETO. PAPA. II. ITALIÆ PACIS FONDATORI. Buste à droite. ℞. lisse. Médaille ovale. Br. 43-37. m.

1710. PAVLVS II VENETVS PONT MAX. Buste à gauche. ℞. AVDIENTIA PVBLICA. PONT MAX. Audience du pape. Br. 36 m.

1711. Même lég. et même buste. ℞. HAS ŒDES CONDIDIT, etc. Forteresse. Br. 36 m.

P. PINGONIVS.

1712. PHILIB. PINGONIVS. AISIACI. BARO. SAB. R. **Buste à droite.** ℟. SAPIENTER AVDET. **Deux oiseaux perchés sur un arbre.** Br. 49 m.

PHILIBERT II, duc de Savoie (1497-1504) ET MARGUERITE DE BOURGOGNE.

1713. PHILIBERTVS. DVX SABAVDIE. VII. MARGVA. MANI. CAE. AVG. FI. D. SA. Bustes affrontés de Philibert et de sa femme. ℟. GLORIA IN ALTISSIMIS DEO ET IN TERRA PAX HOMINIBVS. BVRGVS. Écusson. Br. 103 m.

PHILIPPE PIROVANI, théologien.

1714. PHILIPPVS. PIROVANVS. S. ROTŒ. ROMANAE DECANVS. Buste à droite. OPUS CORMANI 1641. ℟. SALVS NOSTRA. A. DOMINO. Vaisseau allant à droite avec ses basses voiles. Br. 92 m.

Superbe pièce d'une fonte irréprochable,

J. POTKEN.

1715. S. IOHANNES. POTKEN. PP. TI ECCLIES. MARTINI EMBRICEN. TRAIESTE. DIO. St Martin donnant la moitié de son manteau à un pauvre. ℟. Lisse. Br. 45 m.

A. CARDINAL DE RICHELIEU, né en 1585, mort en 1642.

1716. ARMANDVS IOANNES CARDINALIS DE RICHELIEV. Buste à droite. ℟, TANDEM VICTA SEQVOR. La France dans un char triomphal, accompagnée de la Fortune, de la Renommée et de la Victoire. WARIN 1630. Gl. Pl. 21. n. 3. Br. 74 m.

1717. Même buste et même légende. ℟. Lisse. Br. 74 m.

BERNARD DE RUBEIS.

1718. BER. RV. CO. RE. EPS. TAR. LE. BO.VIC. GVB. ET. PRAE. Tête à droite. ℟. OB VIRTVTES IN FLAMINIAM RESTITVTAS. Femme debout dans un char traîné par un aigle et un dragon. Br. 65 m.

JEAN III SOBIESKI, roi de Pologne (1629-1696).

1719. IO. III. DACICVS. TVRC. TART. POLON. REX. MAX. Buste

à droite. ℟. PAX FVNDATA CVM MOSCHIS. Un polonais et un Russse se donnant la main. DECENNALIA. AVG. Br. 47 m.

SAN GALLO, architecte florentin (1494-1576).

1720. FRANCESCO. DA. SAN GALLO. SCVLPTORE. E. ARCHITETTO., FIOREN. Buste à g. FACIEB sous le buste. ℟. OPVS. M. D. LI. Campanile au milieu d'une guirlande. Br. 67 m.

C. SERRISTORI, patricien de Florence XVIIIe siècle.

1721. COS. SERRISTORI. PATRITIVS FLORENT. Buste à droite. ℟. NEC. FASCIBVS. VLLIS. ERIGITVR. La Paix tenant un agneau debout sur un monceau d'armes. Br. 86 m.

PIERRE SÉGUIER, grand chancelier (1588-1672).

1722. PETRVS SEGVIER EQVS FRANCICA NOMOPHYLAX. Buste à droite. ℟. CONVENIVNT CERTANT QVE SIMVL. La Piété et la Justice. Gl. pl. XII, n. 4. Br. 72 m.

M. LETELLIER, chancelier de France (1603-1685).

1723. MICHA. LETELLIER. FR. CANCELARIVS 1678 BERTINET. Buste à droite. ℟. Magnifique écusson gravé à la pointe. Br. 128 m.

NICOLAS TODINAS, gouverneur du Château St-Ange.

1724. NICOL. TODIN. ANC. ARCIS. S. ANG. PREFECTVS. Buste à droite. D F. sous le buste. ℟. Le Château St-Ange. 43 m.

DE TOYRAS, maréchal de France (1585-1636).

1725. LE MARESCHAL DE TOYRAS. Buste à droite. GVIL. DVPRÉ FECIT. 1634. ℟. ADVERSA CORONANT. Le Soleil dissipant les nuages. Gl. pl. 14, n. 3. Br. 58 m.

J. L. TUSCANO, jurisconsulte de Milan.

1726. IOANNES ALOISIVS TVSCANVS. ADVOCATVS. Buste à gauche. ℟. INCERTVM JVRISCONSVLTVS ORATOR ET POETA PRESTANTIOR dans une couronne. Gl. pl. 30, n. 3. Br. 68 m.

1727. Même. lég. La tête laurée à gauche. ℟. L. P. Armoiries. Br. 32 m.

GUILLAUME DU VAIR, chancelier de France (1556-1621).

1728. GVILLERMVS DV VAIR FRANCIAE PROCANCELLARIVS. Buste à dr. G. FREMY. ℞. Lisse. Br. 50 m.

JEAN DE LA VALETTE, grand-maître de Malte (1494-1566).

1729. F. IO VALETTA. M. M. HOSP. HIER. Buste à droite. E. CO. ℞. VNVS. X. MILLIA. David tuant Goliath. Br. 50 m.

CHARLES DE VALOIS, fils de Charles IX et de Marie Touchet, né en 1573, mort en 1650.

1730. Buste à droite. CARO. B. VALESIVS. CAROLI. NONI. FILIVS. ℞. Phénix. CINERE. RARVS (DUPRÉ). Gl. pl. 8, n. 3, Br. 45 m.

VENDRAMINI.

1731. CAR. VENDRAMENVS PATR. VENET. FRANC. S. R. E. Buste de face. ℞. IN FIDE JVSTITIA ET FORTITVDINE. Un lion tenant un poignard et une croix. Br. 40 m.

MÉRY DE VIC, conseiller d'Etat, 1622.

1732. MERIEVS DE VIC FRANCIÆ PROCANCELLARIVS 1622. Buste à droite. ℞. NEC PRECE NEC PRECIO. La Justice. Br. 67 m.

J. DE VILLARS, archevêque de Vienne.

1733. HIERON DE VILLARS ARCHIEP. ET COMES VIEN (DUPRÉ). ℞. Lisse. Gl. pl. 55, n. 2. Br. 55 m.

JEAN VIRET.

1734. IOANNES VIRETVS. Buste de face. ℞. Lisse. Br. 66 m.

FRANÇOIS VOLATIRANO.

1735. FRANCISCVS VOLATIÆRANVS. Buste à droite. ℞. SI QVID VALEMVS. Main tenant une équerre et un compas. Br. 40 m.

HANS WEGNER.

1736. HANS WEGNER SCINES ALTERS 36 IAR. Buste à droite. ℞. Légende et écusson. Br. 30 m.

JÉROME ZANE, sénateur vénitien.

1737. HYCRO. ZANE, SENAT. OPT. Buste à g. ℞. AND. SPINELLI. F. 1540. Saint Jérome dans le désert. Br. 40 m.

ANONYMES.

1738. ME. REGIS. INSONTEM. CVRA ET IMAGINE LVDIT. Buste à dr. d'un personnage barbu tenant une masse de ses deux mains. ℟. ET. ME. PRELVDIIS. REGVM. TEGIT. REGIA. VESTIS. 1461. FRANCISCVS LAVRANA F. Un lion accroupi. Br. 79 m.

1739. Médaillon ovale présentant dans une couronne et dans une riche ornementation faite en creux le profil à g. d'une femme vue à mi-corps. Les vêtements semblent appartenir au commencement du XVIIe siècle. ℟. Lisse Br. 130-110 m.

1740. Charmante tête de femme de trois quarts. 1508. A. D. Albert Durer. ℟. Lisse. Etain. 55 m.

PLAQUES.

1741. Buste de Pallas le casque et la cuirasse très ornés. ℟. lisse, belle plaque ovale. Br. 125, 100 m.

1742. Jolie plaquette du XVIe siècle représentant Neptune et un autre personnage couché sur les flots. ℟. lisse, br. 70 m.

743. Grande plaque, style du XVIe siècle, un grand nombre de personnages à pied et à cheval sortant d'une ville descendent jusqu'au premier plan où l'on remarque un roi et une reine à cheval. Vaste composition d'un bel effet. ℟. lisse. 158.

1744. HIC MAGNVS CORAM DOMINO. La tête de Saint-Jean-Baptiste dans un plat, beau style. ℟. lisse. 90 m.

1745. La Crucification. Longue lég. ℟. Le serpent attaché à la croix longue lég. Pièce allemande d'un style ancien fort curieux. 49 m. Belle conservation. Argent doré.

1746. Le Sacrifice d'Abraham, longue lég. ℟. la Crucification, longue lég. Médaille allemande en argent doré du même style que la précédente. Belle conservation. 67 m.

1747. Un paysan et une paysanne. ℟. lisse. Jolie petite plaque du XVIe siècle. Br. 34 m.

Sceaux du moyen âge

XIIIe SIÈCLE.

1748. Personnage tête nue assis devant un pupitre lisant. *S.* PREBONACVRSI D'S ALEX. Sigillum Prebonaeursi dictus Alex... de Sancto Alex...?

1749. Sainte Lucie, martyre, debout couronnée et nimbée, tirée par deux paires de bœufs. *S.* CAPITVLI SCE LUCIA QUATVOR PORTAR'. Sigillum capituli Sancte Lucie quatuor Portarum.

1750. Ecu triangulaire, comme le sceau, portant une bande. *S'.* GVALTEROTTI SCI CASSIANI. Sigillum Gualterotti Sancti Cassiani.

1751. Lévrier saisissant un sanglier. + *S.* HERMANI CANOI CLVSINI. Sigillum Hermani canonici Clusini (à présent Chiusi suffragant de Sienne en Toscane).

1752. Léopard passant. *S.* LEOPARDI B'OVILLANI. Sigillum Leopardi Bonvillani.

1753. Un ange debout ailé, tenant un encensoir à la main. *S.* PPOITI SCI ANGLI DE MEVAN. Dans le champ le nom du prévôt RAINARII en deux lignes verticales. Sigillum Rainarii, preposite sancti angeli de Mevaniis. (Mervaniæ, à présent Bevagna dans les Etats de l'Eglise.)

XIVe SIÈCLE.

1754. Le Christ sur une croix en bois brut accostée de la Vierge et de St-Jean, surmontée de deux anges. Au bas, un prélat mitré priant. *S.* CCNVETVS MON SCI

INSTINI D ARNO PVSINE DIOCES. Sigillum conventus Sancti Monasterii Justini de Arno, Perusinensis diocesis (Pérouse).

1755. St-Antoine debout de face, barbu, en costume monacal, tenant son tau et bénissant deux malades qui l'implorent. *S'*. DOMVS HOSPITALIS SCI ANTONII DE VRBE. Sigillum Domus hospitalis Sancti Antonii de urbe.

1756. Deux oiseaux vis à vis becquetant des grains de froment. + *S'* FROMANTINI DE BVERVS CLI. Sigillum Fromentini de Bueriis, clerici.

1757. La Vierge debout, couronnée, tenant l'enfant Jésus à ses pieds, à droite un religieux priant. Dans le champ les sigles. M. S. P.

XVe SIÈCLE.

1758. Ecu fretté, timbré d'un heaume cimé, d'une tête de dragon dans un vol supporté par une licorne et un lion. COLART DE DURCAT. Ecriture gothique.

1759. La colombe tenant le rameau d'olivier, XIIIe siècle. + *S*. NICCHOLAI DE BARRA CLI. Sigillum Nicholai de Barra, clerici.

XVIIe SIÈCLE.

1760. St-Eloi debout en évêque mitré, crossé, bénissant. SANCTVS ELIGIVS. Sanctus Eligius.

Livres

Sur la Numismatique et l'Archéologie

1761. **Bizot.** Histoire métallique de la république de Hollande, 1687. 1 vol. in-8. grand nombre de belles pl. relié.

1762. **Brocchieri.** Osservazioni sopra alcune monete consolari. Bolognia, 1762. 1 vol. in-4., pl. rel. bas.

1763. **Cadalvene** (de), Recueil de médailles Grecques inédites. Paris, 1828. 1 vol. in-4, 5 pl. 1/2 rel.

1764. **Caryophili.** De Veterum Clypeis. Leide, 1751. 1 vol. in-4. pl, 1/2 rel.

1765 **Caylus.** Numismata aurea Imperatorum Romanorum. 68 pl. in f. 1/2 rel.

1766 **Cohen** Description générale des monnaies de la République Romaine. Paris 1857. 1 vol. in-4, 75 pl., 1/2 rel.

1767. Description historique des monnaies frappées sous l'Empire Romain depuis Pompée jusqu'à la chute de l'Empire d'Occident, 6 vol. in-8, nombr. pl., 1/2 rel.

Supplément au même ouvrage, tome 7e et dernier, 1 vol. broché.

1768 **Conbrouse.** Catalogue raisonné des monnaies nationales de France, y compris le Decaméron, etc. 9 vol. in-4, 1/2 rel. chagrin. Très bel exemplaire.

1769. **Duchalais.** Description des médailles gauloises de la Bibliothèque impériale. Paris, 1846. 1 vol. in-8. 4 pl. 1/2 rel.

1770. **Eckhel**. Doctrina numorum veterum. 10 vol. in-4, rel. veau.

1771. **Ficorini**. De Plumbeis Antiquorum Romae, 1750. 1 vol. in-4. 35 pl. velin.

1772. **Gœzius**. De Nummis dissertationes XX. 1 vol. in-12. pl. 1716, rel. velin.

1773. **Hardouin**. De Nummis antiquis populorum et urbium. Paris, 1684. 1 vol. in-4. 1[2 rel.

1774. **Havercamp**. Médailles de grand et moyen bronze du cabinet de la reine Christine. 1 vol. gr. in-fol. avec pl. La Haye, 1742. 1[2 rel.

1775. **Havercamp**. Dissertationes de Alexandri Magni numismate. Leyde, 1722. 1 vol. in-4, pl. velin.

1776. **Hulsius**. Impp. romanorum numismatum séries à C. Julio Cœsare ad Rudolphum II. 1 vol. in-12, 150 vignettes. Francfort, 1603.

1777. **Jobert** (le père). La Science des médailles. Paris, 1737, 2 vol. in-12, pl.

1778. **Kolb** (Jacob). Traité élémentaire de numismatique ancienne, Grecque et Romaine, d'après Eckhel, 2 vol. in-8. pl. 1[2 rel. avec le prix des médailles. Paris, 1825.

1779. **Leblanc**. Traité historique des monnaies de France, avec la dissertation sur Charlemagne, etc. Paris, 1 vol. in-4. pl

1780. **Letronne**. Considérations générales sur l'évaluation des monnaies Romaines. Paris, 1817. 1 vol. in-4.

1781. **Luckius**. Sylloge numismatum élégantiorum, très belles fig. dans le texte. 1 vol. in-4, Strasbourg. 1620. 1[2 rel.

1782. **Luynes** (duc de). Choix de médailles grecques. Paris, 1840. 1 vol. in-folio.

1783. Essai sur la numismatique des satrapies et de la Phénicie. 2 v. f°.. 17 pl. Paris, 1846.

1784. **Marchi et Tessièri**. L'aes grave del Museo kircheriano Roma, 1839. 1 vol. in-4. 40 pl. 1[2 rel.

1785. **Mionnet**. De la rareté et du prix des médailles Romaines. 2 vol, in-8, 39 pl. Paris, 1827.

1786. Atlas de la Géographie numismatique, gr. in-4. 1[2 rel.

1787. Poids de médailles. Paris, 1839, 1 vol. in-8, 1[2 rel.

1788. **Mongez**. Dictionnaire des Antiquités (reproduction de l'Encyclopédie méthodique). Padoue, 1786, 5 tomes en 9 volumes in-4, vélin.

1789. **Panofka**. Asclepios und die Asklepiadeis. Berlin, 1846, 1 vol. in-4, pl. 1[2 rel.

1790. **Patarol**. Séries Augustorum, etc. 1 vol. pet. fol. Venise, 1743, vélin.

1791. **Patin**. Familiae Romanae. Paris, 1663, 1 volume fol. pl.

1792. **Quatremère de Quincy**. Sur la statue antique de Vénus, découverte à Milo. Paris, 1821. 1 vol in 4, et deux autres brochures.

1793. **Rechenberg**. Historia rei Numariae veteris, 2 vol. 4, pl. Amsterdam, 1592, vélin.

1794. **Riccio**. Le Monete delle antiche famiglie di Roma, 1 vol. in-4. Napoli, 72 pl., 1[2 rel.

1795. **Saulcy (F. de)**. Essai de classification des suites byzantines. 1 vol. in-8, avec atlas in-4, 33 pl. Metz, 1836. 1[2 rel.

1796. **Sestini**. Classes générales. 1 vol. in-4. 1[2 rel.

1797. **Tochon d'Annecy**. Mémoire sur les médailles de Marin et Iotapien frappées à Philippopolis. 1 vol. in-4, pl. Paris, 1817.

— Notice sur une médaille de Visconti.

— Dissertation sur la mort d'Antiochus Evergete. 1 vol. 1[2 rel.

1798. Recherches historiques et géographiques sur les médailles des nomes ou préfectures de l'Egypte. nomb. pl. Paris, 1822, 1 vol. 1[2 rel.

1799 **F. Torri**. Note sopra le dinastie de Faraoni. Firenze 1830. 1 vol. f. pl. 1[2 rel.

1800 **Witte** (Baron J. de) Description des médailles et des antiquités composant le cabinet de l'abbé Greppo. Paris, 1858. Grand in-8, 2 pl. 1[2 rel.

1801. **E. Cartier et Saussaye** (de la). Revue numismatique française, 1836 à 1855. Collection complète, y compris les tables, 21 vol, in-8. 1[2 rel.

1802. **Witte** (J. de). **Longpérier** (A. de). Nouvelle revue numismatique, 1856 à 1861. 9 vol. in-8 et planches.

Anonymes

1803. Médailles du règne de Louis-le-Grand, 1 vol. in-f°. 1[2 rel.

1804. Explication historique des principales médailles frappées pour servir à l'histoire des Pays-Bas. 1 vol. in-f°. pl. et vig. Amsterdam, 1723. 1[2 rel.

1805. Souvenirs numismatiques sur la Révolution de 1848. 1 vol, in-4. pl.

1806. Revue Archéologique, Paris, 1844 à 1847. 6 vol. 8 pl. rel.

1807 Annuaire de la Société Française de numismatique, année 1866 et suivantes avec quantité de brochures publiées par la Société.

1808. Un très bon lot de brochures sur la Numismatique et l'Archéologie, rel. et broch.

1809 Plusieurs lots de Catalogues des ventes de Médailles et Antiquités, etc. reliés ou brochés.

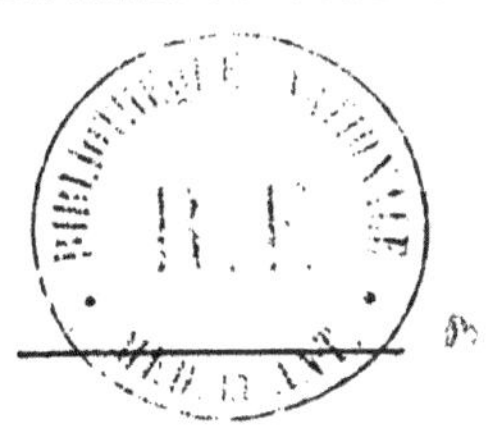

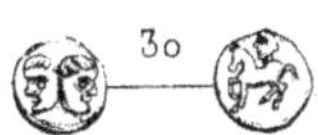
30

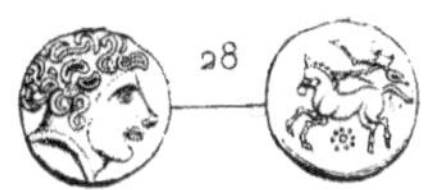
28

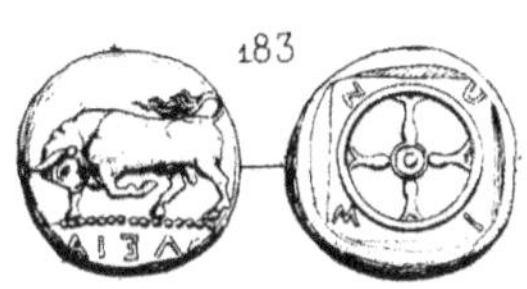
183

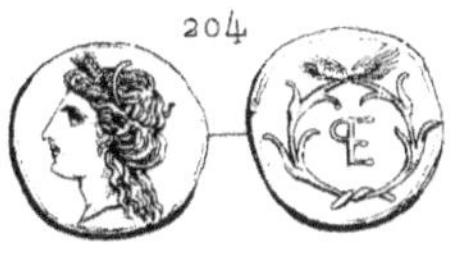
204

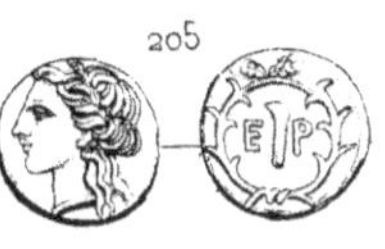
205
E P

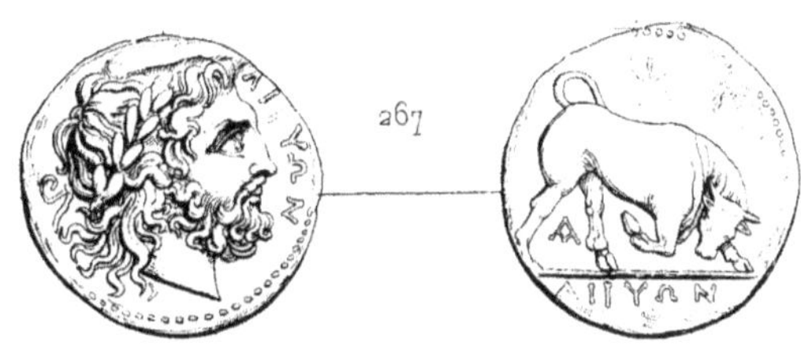
267

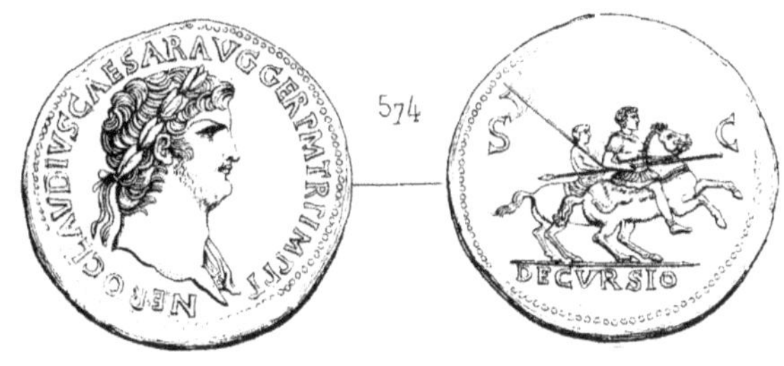
574
NERO CLAVDIVS CAESAR AVG GER P M TR P IMP P P
S C
DECVRSIO

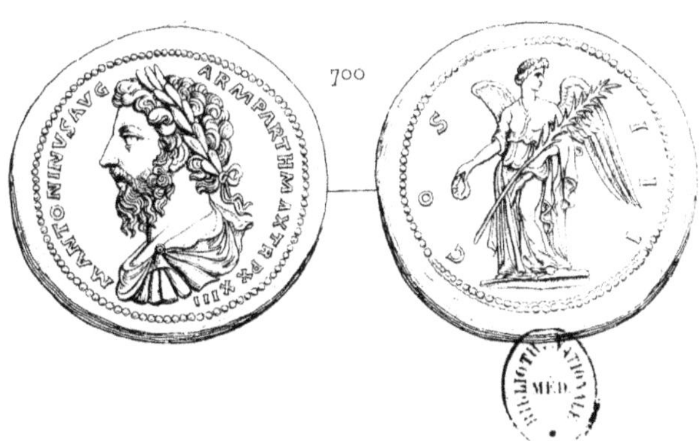
700
COS III

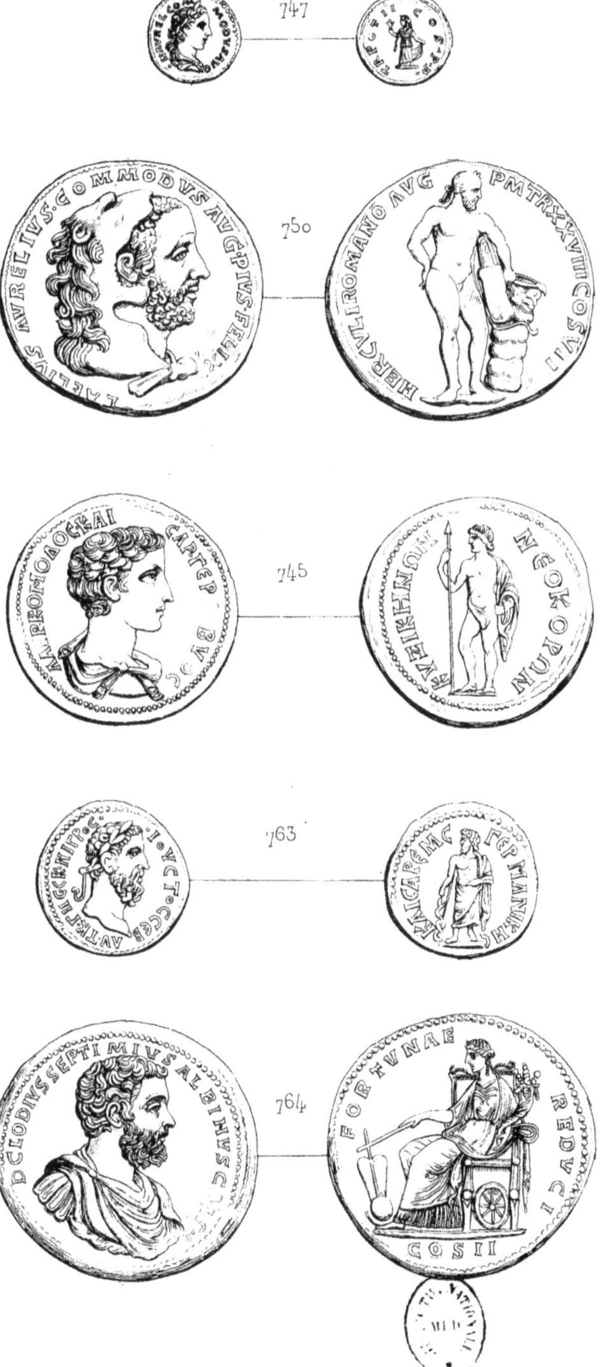
747
750
AELIVS AVRELIVS·COMMODVS AVG·P·IVS·FELIX
HERCVLI ROMANO AVG
745
ΝΕΟΚΟΡΩΝ
763
764
D CLODIVS SEPTIMIVS ALBINVS
FORTVNAE REDVCI
COS II

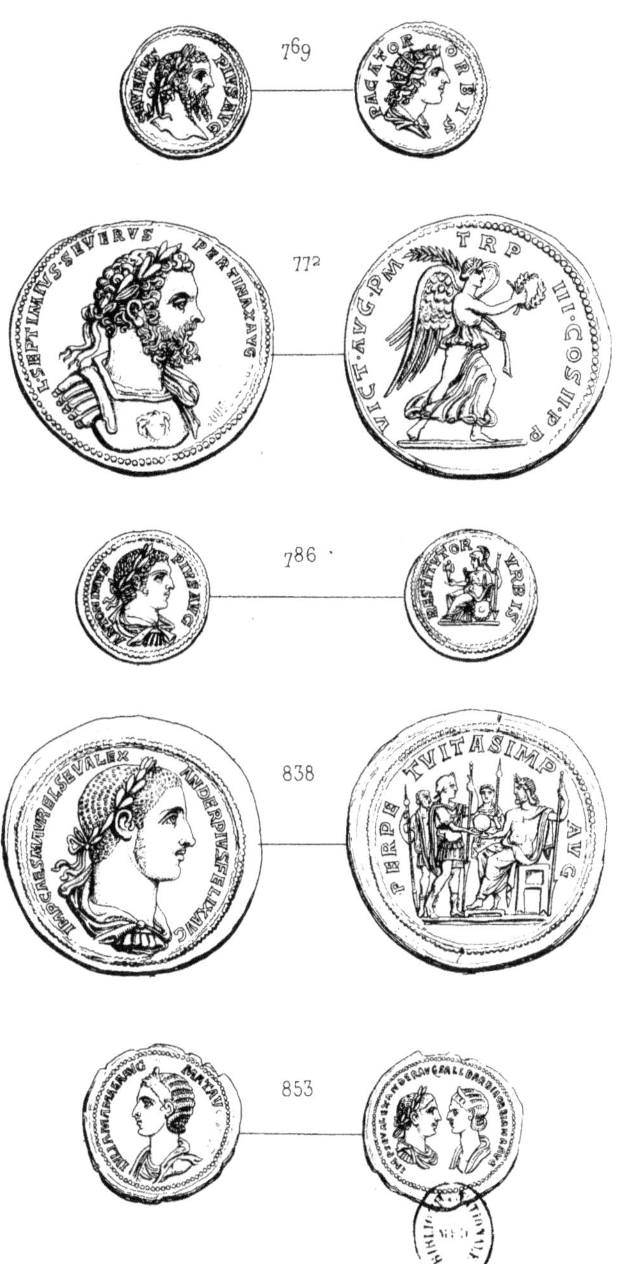

769
PACATOR ORBIS
772
L·SEPTIMIVS·SEVERVS PERTINAX AVG
VICT·AVG·P·M TR P III·COS·II·P
786
RESTITVTOR VRBIS
838
PERPETVITAS IMP AVG
853

www.ingramcontent.com/pod-product-compliance
Lightning Source LLC
LaVergne TN
LVHW011957220826
846092LV00001B/200

* 9 7 8 2 3 2 9 8 1 3 6 4 6 *